प्रतिनिधि कविताएँ

सर्वेश्वरदयाल सक्सेना

राजकमल पेपरबैक्स

राजकमल पेपरबैक्स में
पहला संस्करण : 1984
अठारहवाँ संस्करण : 2024

राजकमल पेपरबैक्स : उत्कृष्ट साहित्य के जनसुलभ संस्करण

राजकमल प्रकाशन प्रा.लि.
1-बी, नेताजी सुभाष मार्ग, दरियागंज
नई दिल्ली-110 002
द्वारा प्रकाशित

शाखाएँ : अशोक राजपथ, साइंस कॉलेज के सामने, पटना-800 006
पहली मंजिल, दरबारी बिल्डिंग, महात्मा गांधी मार्ग, प्रयागराज-211 001
1, अनमोल सोराबजी संतुक लेन, धोबी तलाव, मरीन लाइंस, मुम्बई-400 002
वेबसाइट : www.rajkamalprakashan.com
ई-मेल : info@rajkamalprakashan.com

बी.के. ऑफसेट
नवीन शाहदरा, दिल्ली-110 032
द्वारा मुद्रित

मूल्य : ₹ 199

PRATINIDHI KAVITAYEN
Representative Poems of Sarveshwar Dayal Saxena
Edited by Prayag Shukla

ISBN : 978-81-267-0229-9

सर्वेश्वर दयाल सक्सेना

सर्वेश्वरदयाल सक्सेना का जन्म 15 सितम्बर, 1927 को बस्ती, उत्तर प्रदेश में हुआ।

आपने इलाहाबाद से बी.ए. और एम.ए. की परीक्षा उत्तीर्ण की।

जीविकोपार्जन के लिए मास्टर, क्लर्क, आकाशवाणी में सहायक प्रोड्यूसर, *दिनमान* में प्रमुख उप-सम्पादक और फिर कुछ दिनों तक *पराग* के सम्पादक। *तीसरा सप्तक* के कवि और नई कविता के अधिष्ठाता शीर्षस्थ कवियों में एक।

आपकी प्रकाशित कृतियाँ हैं : *काठ की घंटियाँ, बाँस का पुल, एक सूनी नाव, गर्म हवाएँ* (बाद में ये चारों कविता-संग्रह क्रमशः *कविताएँ : एक* और *कविताएँ : दो* में संकलित व प्रकाशित), *कुआनो नदी, जंगल का दर्द, खूँटियों पर टँगे लोग, कोई मेरे साथ चले* (कविता); *उड़े हुए रंग* (उपन्यास); *पागल कुत्तों का मसीहा, सोया हुआ जल* (लघु उपन्यास); *लड़ाई, अँधेरे पर अँधेरा* (कहानी); *बकरी* (नाटक); *भों-भों-खों-खों, लाख की नाक, कल भात आएगा* (बाल-नाटक); *बतूता का जूता, महँगू की टाई, बिल्ली के बच्चे* (बाल-कविता); *कुछ रंग कुछ गंध* (यात्रा-संस्मरण); *शमशेर, नेपाली कविताएँ, अँधेरों का हिसाब* आदि (सम्पादन)।

आपकी रचनाएँ भारतीय भाषाओं के अलावा रूसी, जर्मन, पोलिश, चेक आदि भाषाओं में अनूदित।

1972 में सोवियत लेखक संघ के निमंत्रण पर पूश्किन काव्य समारोह में सम्मिलित।

खूँटियों पर टँगे लोग के लिए 1983 के *साहित्य अकादेमी पुरस्कार* से सम्मानित किए गए।

24 सितम्बर, 1983 को नई दिल्ली में निधन।

यह चयन

मैंने यह चयन करते वक्त, इस बात का भरसक ध्यान रखा है कि इसमें सर्वेश्वरजी की कविता के सभी प्रमुख रंग और स्वर ज़रूर मौजूद रहें। वे अधिकतर कविताएँ भी ज़रूर मौजूद रहें, जो मेरी जानकारी में, स्वयं सर्वेश्वरजी को भी अपनी ही कविताओं में से कुछ अधिक प्रिय थीं और इनके एक बड़े पाठक वर्ग को भी। फिर भी हो सकता है, सुधी पाठकों की दृष्टि से, इसमें कुछ ऐसी कविताएँ छूट गयी हों जो अगर इसमें होतीं तो चयन और भी मुकम्मल होता। बहरहाल पुस्तक के कलेवर को, और स्वयं चयन को एक सीमा पर जाकर, समाप्त तो होना ही था।

सुधी पाठकों को एक बात और बताना चाहूँगा। इस संकलन की कविताएँ सर्वेश्वरजी की पहली किताब 'काठ की घंटियाँ' से लेकर, उनके अन्तिम कविता-संग्रह 'खूँटियों पर टँगे लोग' तक से ली गयी हैं : यानी इसमें उनके हर संग्रह से कुछ-न-कुछ कविताएँ हैं। इस तरह यह उनकी कविताओं का केवल 'प्रतिनिधि' संग्रह ही नहीं है, ऐसा संग्रह भी है जो उनकी काव्ययात्रा के लगभग हर चरण से हमें परिचित करायेगा।

1949 से लेकर 1981 तक की सर्वेश्वरजी की सभी प्रकाशित कविताएँ इस चयन को बनाते समय पढ़ीं। कई बार। ये कविताएँ अपने संग्रहों के लिए सर्वेश्वरजी ने स्वयं चुनी थीं। एक जगह पर मेरे लिए यह पीड़ा भरा काम भी था कि संग्रहों में से कुछ कविताओं को अलग कर, उन्हें साथ की अन्य कविताओं से बिछुड़ने के लिए मजबूर करूँ। लेकिन जब यह चयन समाप्त हुआ तो मैंने यह भी देखा कि एक ओर वे जहाँ अपने साथ की कविताओं से बिछुड़ीं, वहीं अपने ही सर्जक की अन्य कविताओं के साथ जा मिलीं। इस चयन की यह सार्थकता प्रकट होते ही वह पीड़ा कम हुई।

यह भी बताना चाहूँगा कि संग्रह की कविताओं का अनुक्रम बनाते

हुए मैंने यह यत्न भी किया है कि भले ही वे अलग-अलग समय पर लिखी गयी हों, एक जैसे स्वभाव वाली कविताएँ एक-दूसरी के निकट रहें। और इस तरह हम कवि के रचना-स्रोतों और लगावों का भी एक अन्दाज लगा सकें। इस तरह की 'पहचान' की सार्थकता शायद यह भी है कि हम जान सकें कि कवि प्रकृति और जीवन के किन 'ठिकानों' की ओर जाना या लौटना पसन्द करता रहा है।

सर्वेश्वरजी के लगाव विविध थे—यह बात स्वयं ये कविताएँ बतायेंगी। लेकिन अपनी पीड़ा, अपने सुख, अपने प्रेम को कविताओं में पाने-पहचानने-बाँटने के लिए वे जिन ठिकानों की ओर जाना-लौटना पसन्द करते रहे हैं, उनकी एक याद हम यहाँ कर सकते हैं। एक ठिकाना तो वह गाँव रहा जहाँ वे जन्मे और बड़े हुए, दूसरा परिवार, तीसरा मित्र-वर्ग, चौथा वह वृहत्तर समुदाय जिसका मानो स्वयं अपना कोई ठौर-ठिकाना नहीं—यानी सताये हुए लोग। पाँचवाँ—प्रकृति की वह बहुत बड़ी दुनिया, जिसमें वह जीवन-मर्मों को पाने की एक आकुल चेष्टा करते थे और उस पर यह गहरा भरोसा भी कि जब सब साथ छोड़ देंगे तो कोई चिड़िया, टहनी, बारिश की कोई बूँद, घास—व्यथा-कथा सुनने से इन्कार नहीं करेगी, बल्कि एक अनुकम्पा की तरह साथ रहेगी। हम उनकी कविताओं में इन्हीं ठिकानों की ओर एक आवाजाही पाते हैं। कहने की ज़रूरत नहीं कि इन ठिकानों को जीवन और कविता में साध पाना आसान नहीं होता। सर्वेश्वरजी ने इन सभी ठिकानों को अपना प्रेम देने में कोताही नहीं की।

यह चयन बनाते समय यह बात भी ध्यान में आयी कि मूल रूप से, सर्वेश्वरजी स्वयं कविता को छोटी-बड़ी, 'प्रतिनिधि-अप्रतिनिधि' के खानों में बाँटकर शायद नहीं देखते थे। मैंने कई बरस तक 'दिनमान' में उनके साथ काम किया। उनके स्नेह का पात्र भी बना। कई बार हम लोग दिल्ली के दरियागंज से मण्डी हाउस—बंगाली मार्केट (जहाँ बाद के वर्षों में वह रहने लगे थे) तक पैदल आते थे। बातचीत में, मुझे ध्यान है—किसी स्थिति, प्रसंग या घटना का जिक्र आने पर वह अचानक, लगभग बच्चों की-सी सरलता से कहते : 'हाँ, मैंने ऐसी ही स्थिति पर तो ये पंक्तियाँ लिखी थीं न⋯'। कई बार वे पंक्तियाँ किसी बहुत पुरानी, अचर्चित या हम लोगों के लिए लगभग अज्ञात कविता की भी होतीं। मैं भी अपनी ओर से कौतूहल और विस्मय प्रकट करता। उनके लिए उस

समय यह बात ही सन्तोष देनेवाली होती थी कि वह जीवन के अमुक पक्ष को भी देख आये हैं—न केवल वे बल्कि उनकी कविता भी !

मैंने यहाँ जानबूझकर उन साहित्यिक बहसों, वादों, मतवादों, दौरों का जिक्र नहीं किया जिनके बीच—यानी जिस कालखण्ड—में ये कविताएँ लिखी गयीं। सर्वेश्वरजी की कविताओं की समीक्षा करना यहाँ मेरा अभीष्ट नहीं रहा। उसकी कोई ज़रूरत भी मुझे यहाँ महसूस नहीं हो रही। मैं स्वयं उन लोगों में से हूँ जो आज दिन तक यह मानते हैं कि 'स्वयं कविता से अच्छा परिचय कवि का और क्या हो सकता है।'

—प्रयाग शुक्ल

नयी दिल्ली

क्रम

अक्सर एक व्यथा	15
तुम्हारे साथ रहकर	16
प्रार्थना-1	18
प्रार्थना-2	18
प्रार्थना-3	19
प्रार्थना-4	20
जब कलम उठाता हूँ	21
काठ की घंटियाँ	22
एक सूनी नाव	24
स्मृति	24
अँधेरे का मुसाफ़िर	25
विवशता	26
माँ की याद	27
अजनबी देश है यह	27
सन्तवाणी	28
भूख	30
धूल-1	30
धूल-2	31
इन्तज़ार	32
लाल सायकिल	33
यह घर	34

रसोई 35

सुर्ख़ हथेलियाँ 36

कितना अच्छा होता है 37

तुम्हारी मुस्कान 38

सिगरेट पीती हुई औरत 39

तुम्हारा तन 40

टीन पर ओले-1 41

टीन पर ओले-2 41

मेरे भीतर की कोयल 42

फसल 44

पिछड़ा आदमी 44

पोस्टमार्टम की रिपोर्ट 45

रिश्ते 45

रिश्ता 46

नदी से-1 47

नदी से-2 49

नदी से-3 49

ज. स्वामीनाथन के लिए चार कविताएँ

1. चमक 50

2. पहाड़ 50

3. हरा और पीला 50

4. चिड़िया 51

शमशेर का काव्य-संग्रह पढ़ने के बाद 51

यह हाथ 52

सुरों के सहारे-1 53

सुरों के सहारे-2 55

जड़ें 56

अपनी बिटिया के लिए दो कविताएँ	57
पत्नी की मृत्यु पर	59
दिवंगत पिता के लिए	62
काठमाण्डू में भोर	64
पाँच नगर-प्रतीक	66
इस मृत नगर में	67
रात-भर	71
घन्त-मन्त	71
व्यग्य मत बोलो	72
चुपाई मारौ दुलहिन	73
गोबरैले	78
राग डींग कल्याण	80
लोहिया के न रहने पर	82
कवि मुक्तिबोध के निधन पर	86
लीक पर वे चलें	87
भेड़िया-1	88
भेड़िया-2	89
भेड़िया-3	90
जंगल का दर्द	90
काला तेंदुआ-1	92
काला तेंदुआ-2	93
नक्शा	93
चुपचाप	94
आत्म-साक्षात्कार	95
तीमारदारी	99
सब कुछ कह लेने के बाद	102
तुम्हारे लिए	103

प्यार 104
तुम्हारा मौन 104
तुमसे 105
सूखा 105
वसन्त-राग 107
समर्पण 107
आश्रय 107
रात में वर्षा 108
जाड़े की धूप 108
चंचल हवाएँ 109
आये महन्त वसन्त 110
हवा वसन्त की 111
कुआनो नदी 112
कुआनो नदी के पार 120
कुआनो नदी—ख़तरे का निशान 126
बाँसगाँव 131
पथराव 133
झाड़े रौ महँगुआ 135
गरीबा का गीत 136
जूता-1 137
जूता-2 138
जूता-3 138
जूता-4 138
रंग तरबूजे का 139
देशगान 140
पंचधातु 141
चश्मा 142
मंटू बाबू 143

हजूरी	143
गाँव का सपेरा	144
लू शुन और चिड़ियाँ	154
अब मैं सूरज को नहीं…	156
मैं नहीं चाहता	158
धीरे-धीरे	159
अन्त में	162

अक्सर एक व्यथा

अक्सर एक गन्ध
मेरे पास से गुज़र जाती है,
अक्सर एक नदी
मेरे सामने भर जाती है,
अक्सर एक नाव
आकर तट से टकराती है,
अक्सर एक लीक
दूर पार से बुलाती है।
मैं जहाँ होता हूँ
वहीं पर बैठ जाता हूँ,
अक्सर एक प्रतिमा
धूल में बन जाती हैं।

अक्सर चाँद जेब में
पड़ा हुआ मिलता है,
सूरज को गिलहरी
पेड़ पर बैठी खाती है,
अक्सर दुनिया
मटर का दाना हो जाती है,
एक हथेली पर
पूरी बस जाती है।
मैं जहाँ होता हूँ
वहाँ से उठ जाता हूँ,
अक्सर रात चींटी-सी
रेंगती हुई आती है।

अक्सर एक हँसी
ठंडी हवा-सी चलती है,
अक्सर एक दृष्टि
कनटोप-सा लगाती है,
अक्सर एक बात
पर्वत-सी खड़ी होती है,
अक्सर एक ख़ामोशी
मुझे कपड़े पहनाती है।
मैं जहाँ होता हूँ
वहाँ से चल पड़ता हूँ,
अक्सर एक व्यथा
यात्रा बन जाती है।

तुम्हारे साथ रहकर

तुम्हारे साथ रहकर
अक्सर मुझे ऐसा महसूस हुआ है
कि दिशाएँ पास आ गयी हैं,
हर रास्ता छोटा हो गया है,
दुनिया सिमटकर
एक आँगन-सी बन गयी है
जो खचाखच भरा है,
कहीं भी एकान्त नहीं
न बाहर, न भीतर।

हर चीज़ का आकार घट गया है,
पेड़ इतने छोटे हो गये हैं
कि मैं उनके शीश पर हाथ रख
आशीष दे सकता हूँ,

आकाश छाती से टकराता है,
मैं जब चाहूँ बादलों में मुँह छिपा सकता हूँ।

तुम्हारे साथ रहकर
अक्सर मुझे महसूस हुआ है
कि हर बात का एक मतलब होता है,
यहाँ तक कि घास के हिलने का भी,
हवा का खिड़की से आने का,
और धूप का दीवार पर
चढ़कर चले जाने का।

तुम्हारे साथ रहकर
अक्सर मुझे लगा है
कि हम असमर्थताओं से नहीं
सम्भावनाओं से घिरे हैं,
हर दीवार में द्वार बन सकता है
और हर द्वार से पूरा का पूरा
पहाड़ गुज़र सकता है।

शक्ति अगर सीमित है
तो हर चीज़ अशक्त भी है,
भुजाएँ अगर छोटी हैं,
तो सागर भी सिमटा हुआ है,
सामर्थ्य केवल इच्छा का दूसरा नाम है,
जीवन और मृत्यु के बीच जो भूमि है
वह नियति की नहीं मेरी है।

प्रार्थना-1

नहीं नहीं प्रभु तुमसे
शक्ति नहीं माँगूँगा।

अर्जित करूँगा उसे मरकर बिखरकर
आज नहीं कल सही आऊँगा उबरकर
कुचल भी गया तो लज्जा किस बात की
रोकूँगा पहाड़ गिरता
शरण नहीं भागूँगा
नहीं नहीं प्रभु तुमसे
शक्ति नहीं माँगूँगा।

कब माँगी गन्ध तुमसे गन्धहीन फूल ने
कब माँगी कोमलता तीखे खिंचे शूल ने
तुमने जो दिया, दिया,
अब जो है, मेरा है।
सोओ तुम, व्यथा रैन अब मैं ही जागूँगा।
नहीं नहीं प्रभु तुमसे
शक्ति नहीं माँगूँगा।

प्रार्थना-2

दुर्गम पथ तेरे हों
थके चरण मेरे हों।

यात्रा में साथी हों हर पल असफलताएँ
मुझ पर गिरती जायें मेरी ही सीमाएँ

सुखद दृश्य तेरे हों
भरे नयन मेरे हों।
दुर्गम पथ तेरे हों
थके चरण मेरे हों।

अपने साहस को भी मैं कन्धों पर लादे
चलता जाऊँ जब तक तू यह तन पिघला दे
अमर सृजन तेरे हों
मृत्यु वरण मेरे हों
दुर्गम पथ तेरे हों
थके चरण मेरे हों।

प्रार्थना-3

अपनी दुर्बलता का
मुझको अभिमान रहे,
अपनी सीमाओं का
नित मुझको ध्यान रहे।

हर क्षण यह जान सकूँ क्या मुझको खोना है
कितना सुख पाना है, कितना दुख रोना है
अपने सुख-दुख की प्रभु
इतनी पहचान रहे।
अपनी दुर्बलता का
मुझको अभिमान रहे।

कुछ इतना बड़ा न हो
जो मुझसे खड़ा न हो
कन्धों पर हो, जो हो,

नीचे कुछ पड़ा न हो।
अपने सपनों का प्रभु
बस इतना ध्यान रहे।
अपनी दुर्बलता का
मुझको अभिमान रहे
अपनी सीमाओं का
नित मुझको ध्यान रहे।

प्रार्थना-4

यही प्रार्थना है प्रभु तुमसे
जब हारा हूँ तब न आइए।

वज्र गिराओ जब-जब तुम
मैं खड़ा रहूँ यदि सीना ताने,
नर्क अग्नि में मुझे डाल दो
फिर भी जिऊँ स्वर्ग-सुख माने,
मेरे शौर्य और साहस को
करुणामय हों तो सराहिए,
चरणों पर गिरने से मिलता है
जो सुख, वह नहीं चाहिए।

दुख की बहुत बड़ी आँखें हैं
उनमें क्या जो नहीं समाया
यह ब्रह्माण्ड बहुत छोटा है
जिस पर तुम्हें गर्व हो आया
एक अश्रु की आयु मुझे दे
कल्प चक्र यह लिये जाइए।

जब कलम उठाता हूँ

जब कलम उठाता हूँ
कोरे काग़ज पर
लम्बी चोंचवाली एक चिड़िया
बैठी पाता हूँ।

चोंच वह खोलती नहीं,
फुदकती-बोलती नहीं,
हिलती है न डुलती,
चुपचाप घुलती है।
बताती न नाम है,
करती न काम है,
फिर भी सुबह को
बना देती शाम है।

यों ही—बस यों ही—
दिन डूब जाता है
मन ऊब जाता है
रात घिर आती है
बात फिर जाती है।
शुक्रिया।
ओ प्रकाश!
शुक्रिया
ओ कलम-थमे हाथ की परछाईं।
शुक्रिया
ओ प्यारी
              हत्यारी
              चिड़िया
शुक्रिया! शुक्रिया!

तुम सबको
मेरा प्रणाम है।

काठ की घंटियाँ

बजो
ओ काठ की घंटियो!
बजो

मेरा रोम-रोम देहरी है
सूने मन्दिर की–
सजो,
ओ काठ की घंटियो,
सजो।

शायद कल
टूटी बैसाखी पर चलकर
फिर मेरा खोया प्यार
वापस लौट आये।
शायद कल
प्रकाश स्तम्भों से टकराकर
फिर मेरी अन्धी आस्था
कोई गीत गाये।
शायद कल
किसी के कन्धों पर चढ़कर
फिर मेरा बौना अहं
विवश हाथ फैलाये।

जितनी भी ध्वनि शेष है
इन सूखी रगों में,

तजो,
ओ काठ की घंटियो,
तजो।

शायद कल,
मेरी आत्मा का निष्प्राण देवता
अपने चक्षु खोल दे।
शायद कल,
हर गली अपना घुटता धुआँ
मेरी ओर रोल दे।
शायद कल,
मेरे गूँगे स्वरों के सहारे
कोटि-कोटि कंठों की खोयी शक्ति बोल दे।

दर्द जितना भी
फूट रहा हो, समेटकर,
मँजो,
ओ काठ की घंटियो,
मँजो।
बजो,
ओ काठ की घंटियो,
बजो।

मेरा रोम-रोम देहरी है
सूने मन्दिर की–
सजो,
ओ काठ की घंटियो,
सजो।
बजो,
ओ काठ की घंटियो!
बजो।

एक सूनी नाव

एक सूनी नाव
तट पर लौट आयी।
रोशनी राख-सी
जल में घुली, बह गयी,
बन्द अधरों से कथा
सिमटी नदी कह गयी,
रेत प्यासी
नयन भर लायी।
भींगते अवसाद से
हवा श्लथ हो गयी
हथेली की रेख काँपी
लहर-सी खो गयी
मौन छाया
कहीं उतरायी।
स्वर नहीं,
चित्र भी बहकर
गये लग कहीं,
स्याह पड़ते हुए जल में
रात खोयी-सी
उभर आयी।
एक सूनी नाव
तट पर लौट आयी।

स्मृति

पैर रखते ही
बाँस का पुल

चरमराता डोलता है।

कहीं नीचे बहुत गहरी अतल खाई है।

सबल उत्कण्ठा
नवल आवेग
आगे खींचते हैं,
"लौट आओ"
चीखकर भय कहीं पीछे बोलता है।

आह! स्मृति की अजानी राह—
दर्द अजगर-सा
निगलकर उगल देता है—
शेष हैं तारे,
पार का वह घना झुरमुट,
दूर सिमटी नदी,
खले स्वर के पाल,
गीत की वह कड़ी तिरती है
हिल गयी है एक सूखी डाल।

अँधेरे का मुसाफ़िर

यह सिमटती साँझ, यह वीरान जंगल का सिरा,
यह बिखरती रात, यह चारों तरफ़ सहमी धरा;
उस पहाड़ी पर पहुँचकर रोशनी पथरा गयी,
आख़िरी आवाज़ पंखों की किसी के आ गयी,
रुक गयीं अब तो अचानक लहर की अँगड़ाइयाँ,
ताल के ख़ामोश जल पर सो गयीं परछाइयाँ।

दूर पेड़ों की क़तारें एक ही में मिल गयीं,
एक धब्बा रह गया, जैसे ज़मीनें हिल गयीं,
आसमाँ तक टूटकर जैसे धरा पर गिर गया,
बस धुएँ के बादलों से सामने पथ घिर गया,
यह अँधेरे की पिटारी, रास्ता यह साँप-सा,
खोलनेवाला अनाड़ी मन रहा है काँप-सा।
लड़खड़ाने लग गया मैं, डगमगाने लग गया,
देहरी का दीप तेरा याद आने लग गया;
थाम ले कोई किरण की बाँह मुझको थाम ले,
नाम ले कोई कहीं से रोशनी का नाम ले,
कोई कह दे, 'दूर देखो टिमटिमाया दीप एक,
ओ अँधेरे के मुसाफ़िर उसके आगे घुटने टेक'!

विवशता

कितना चौड़ा पाट नदी का, कितनी भारी शाम,
कितने खोये-खोये-से हम, कितना तट निष्काम,
कितनी बहकी - बहकी -सी दूरागत - वंशी - टेर,
कितनी टूटी-टूटी-सी नभ पर विहगों की फेर,
कितनी सहमी-सहमी-सी क्षिति की सुरमई पिपासा,
कितनी सिमटी-सिमटी-सी जल पर तट-तरु-अभिलाषा,
कितनी चुप-चुप गयी रोशनी, छिप-छिप आयी रात,
कितनी सिहर-सिहरकर अधरों से फूटी दो बात,
चार नयन मुस्काये, खोये, भींगे, फिर पथराये—
कितनी बड़ी विवशता जीवन की कितनी कह पाये!

माँ की याद

चींटियाँ अण्डे उठाकर जा रही हैं,
और चिड़ियाँ नीड़ को चारा दबाये,
थान पर बछड़ा रँभाने लग गया है
टकटकी सूने विजन पथ पर लगाये,
थाम आँचल, थका बालक रो उठा है,
है खड़ी माँ शीश का गट्ठर गिराये,
बाँह दो चुमकारती-सी बढ़ रही हैं,
साँझ से कह दो बुझे दीपक जलाये।

शोर डैनों में छिपाने के लिए अब,
शोर, माँ की गोद जाने के लिए अब,
शोर घर-घर नींद रानी के लिए अब,
शोर परियों की कहानी के लिए अब,

एक मैं ही हूँ—कि मेरी साँझ चुप है,
एक मेरे दीप में ही बल नहीं है,
एक मेरी खाट का विस्तार नभ-सा
क्योंकि मेरे शीश पर आँचल नहीं है।

अजनबी देश है यह

अजनबी देश है यह, जी यहाँ घबराता है—
कोई आता है यहाँ पर न कोई जाता है;
जागिए तो यहाँ मिलती नहीं आहट कोई,
नींद में जैसे कोई लौट-लौट जाता है;

होश अपने का भी रहता नहीं मुझे जिस वक्त
द्वार मेरा कोई उस वक्त खटखटाता है;
शोर उठता है कहीं दूर क़ाफ़िलों का-सा
कोई सहमी हुई आवाज़ में बुलाता है–
देखिए तो वही बहकी हुई हवाएँ हैं,
फिर वही रात है, फिर-फिर वही सन्नाटा है,
हम कहीं और चले जाते हैं अपनी धुन में
रास्ता है कि कहीं और चला जाता है;
दिल को नासेह की ज़रूरत है न चारागर की,
आप ही रोता है औ आप ही समझाता है।

सन्तवाणी

तेज आँधी में
वह लालटेन लिये
चला जा रहा था
खुश, कि रास्ता कट जायेगा।

कुछ देर बाद
चिमनी एक ओर से
काली होने लगी।
उसे महसूस हुआ
कि बत्ती टेढ़ी कटी है।
धीरे-धीरे कालिख बढ़ती गयी
और रोशनी मद्धिम होती गयी।

उसने बत्ती तेज की
पर रोशनी की
वही हालत!

उसे लगा कि इसमें तेल
लगभग नहीं के बराबर
डाला गया है।

कुछ देर अंधी रोशनी के सहारे भी
वह चला,
बिना तेल की बत्ती तेज करता।

पर आखिरकार यह अंतिम
सहारा भी चुकना ही था।

तेज आँधी में
अब वह बुझी हुई
लालटेन लिये खड़ा है
जाने कब से,
जाने कब तक के लिए।

क्षमा करो!
अब मैं किस
अँधेरे का वर्णन करूँ,
जो उसके बाहर है
या जो उसके भीतर?
किस रास्ते का वर्णन करूँ,
जिस पर उसे आगे
बढ़ना है
या उसका जिस पर
अब वह लौट नहीं सकता?

भूख

जब भी
भूख से लड़ने
कोई खड़ा हो जाता है
सुन्दर दीखने लगता है।

झपटता बाज,
फन उठाये साँप,
दो पैरों पर खड़ी
काँटों से नन्हीं पत्तियाँ खाती बकरी,
दबे पाँव झाड़ियों में चलता चीता,
डाल पर उल्टा लटक
फल कुतरता तोता,
या इन सब की जगह
आदमी होता।

जब भी
भूख से लड़ने
कोई खड़ा हो जाता है
सुन्दर दीखने लगता है।

धूल-1

तुम धूल हो–
पैरों से रौंदी हुई धूल।
बेचैन हवा के साथ उठो,
आँधी बन

उनकी आँखों में पड़ो
जिनके पैरों के नीचे हो ।

ऐसी कोई जगह नहीं
जहाँ तुम पहुँच न सको,
ऐसा कोई नहीं
जो तुम्हें रोक ले ।
तुम धूल हो
पैरों से रौंदी हुई धूल,
धूल से मिल जाओ ।

धूल-2

तुम धूल हो
जिन्दगी की सीलन से
दीमक बनो ।

रातों रात
सदियों से बन्द इन
दीवारों की
खिड़कियाँ
दरवाजे
और रोशनदान चाल दो ।

तुम धूल हो
जिन्दगी की सीलन से जनम लो
दीमक बनो, आगे बढ़ो ।

एक बार रास्ता पहचान लेने पर
तुम्हें कोई ख़त्म नहीं कर सकता ।

इन्तज़ार

इन्तज़ार
शत्रु है
उस पर यकीन मत करो ।

वह जाने किन झाड़ियों
और पहाड़ियों में
घात लगाये बैठा रहता है
और हम पत्तियों की चरमराहट पर
कान लगाये रहते हैं ।

इन्तज़ार
शत्रु है
उस पर यकीन मत करो ।

वह छापामार सैनिक क़ी तरह
खुद अँधेरे में रहता है
और हमें उजाले में खड़ा देखता रहता है,
मौके की तलाश में
और हम अँधेरे में टार्च की रोशनी ही
फेंकते रहते हैं ।

इन्तजार
शत्रु है
उस पर यकीन मत करो ।

वह हमें नदी बनाकर
हमारे बीच से ही
मछली की तरह अदेखा तैर जाता है

और हम लहरों के असंख्य हाथों से
उसे टटोलते रहते हैं।

इन्तज़ार
शत्रु है
उस पर यकीन मत करो।

उससे बचो।
जो पाना है फौरन पा लो,
जो करना है फौरन करो।

लाल सायकिल

रात भर
एक लाल सायकिल
कँटीले बाड़े से टिकी
अकेली खड़ी रही।
पुलिस की सीटियाँ बजती रहीं
उनके भारी बूटों की आवाजें आती रहीं।

सुबह एक बच्चा कहीं से आया
और ओस में भीगी ठंडी घंटी
बजाने लगा।

घरघराती हुई एक काली भारी गाड़ी
सायरन बजाती आकर रुकी।
बच्चा घंटी बजाना भूल
गाड़ी की छत पर टिमटिमाती
नीली रोशनी देखने लगा…

फिर गाड़ी उसे लेकर चली गयी।

पहली बार, मैं अपने कमरे के फ़र्श पर
खिड़कियों के छड़ों की परछाइयाँ
पड़ती देख,
सहम गया।

यह घर

घर में घुसते ही
मैंने अपने कपड़े उतारे
जिसे वह बुद्धिजीवी का
चोगा कहती है।

खाने की मेज़ पर
केवल कुछ किताबें खुली हुई पड़ी थीं
जिन्हें मैं पढ़ने से डरता था।

वह चारों तरफ़
कहीं नहीं थी।
उसके कमरे का दरवाजा
भीतर से बन्द था।

रसोईघर में जाने की
मेरी हिम्मत नहीं हुई।

मैं सोफ़े पर
टाँगें फैला पसर गया
और छत पर

रुका हुआ पंखा देखने लगा।

अचानक मेरी दृष्टि
सोफ़े के पास मेज़ पर रखे
कैसेट टेप रेकार्डर पर पड़ी
जिस पर एक चिट लगी थी :
'इसे सुनो।'

मैंने 'की' दबा दी
तरह-तरह की चीख़ें आने लगीं।
कुछ देर उन्हें सुनते-सुनते
जब मैं घबरा गया
तब एक साफ़ आवाज़
सुनाई दी—
यह उसकी आवाज थी :

'यदि तुम कायरों की
जिन्दगी जियोगे
तो मैं यह घर छोड़कर
कहीं चली जाऊँगी।'

रसोई

मैं नहीं जानता
भगौने में क्या पक रहा है ?
और उसके दिल में क्या ?
और क्या उनके विचारों में
जो घर से बाहर सिर झुकाये बैठे हैं ?

केवल इतना जानता हूँ
भगौना गर्म है,
और वह आज उदास नहीं है,
और बाहर बैठे लोग कहीं जाने की
तैयारी कर रहे हैं।

वह बार-बार
कुछ गुनगुनाती है,
फिर भगौने का ढक्कन उठा
झाँकती है
और आग तेज करती है,
बाहर लोगों के जोर-जोर से
बोलने की आवाज आती है :
'बहुत हो चुका, अब ऐसे नहीं चलेगा ?'

मैं नहीं जानता
इसके बाद क्या होगा ?

सुर्ख़ हथेलियाँ

पहली बार
मैंने देखा
भौंरे को कमल में
बदलते हुए,
फिर कमल को बदलते
नीले जल में,
फिर नीले जल को
असंख्य श्वेत पक्षियों में,
फिर श्वेत पक्षियों को बदलते

सुर्ख़ आकाश में,
फिर आकाश को बदलते
तुम्हारी हथेलियों में,
और मेरी आँखें बन्द करते।
इस तरह आँसुओं को
स्वप्न बनते–
पहली बार मैंने देखा।

कितना अच्छा होता है

कितना अच्छा होता है
एक-दूसरे को बिना जाने
पास-पास होना
और उस संगीत को सुनना
जो धमनियों में बजता है,
उन रंगों में नहा जाना
जो बहुत गहरे चढ़ते-उतरते हैं।

शब्दों की खोज शुरू होते ही
हम एक-दूसरे को खोने लगते हैं
और उनके पकड़ में आते ही
एक-दूसरे के हाथों से
मछली की तरह फिसल जाते हैं।

हर जानकारी में बहुत गहरे
ऊब का एक पतला धागा छिपा होता है,
कुछ भी ठीक से जान लेना
खुद से दुश्मनी ठान लेना है।

कितना अच्छा होता है
एक-दूसरे के पास बैठ खुद को टटोलना,
और अपने ही भीतर
दूसरे को पा लेना।

तुम्हारी मुस्कान

तुम्हारी मुस्कान
कोहरे से छनकर नहीं
सीधी धूप सी आती है
जैसे सुबह-सुबह चिड़ियों का गान,
तुम्हारी मुस्कान।

बाल्कनी पर बैठी
अखबार लिए
एक सौन्दर्य की कल्पना जगाती,
नीचे जाती भीड़ से जुड़ी
और तटस्थ भी,
तुम्हारी मुस्कान।

मैं उसे अक्सर याद करता हूँ
जैसे शाम अकेले
घूमने निकल गया हूँ
राह बेपहचान,
        उजाले-अँधेरे की
एक विचित्र आत्मीयता में
आधा जागा, आधा खोया
स्वयं में अन्तरधान,
तुम्हारी मुस्कान।

बहुत दिन हुए
उसका रक्त में दौड़ना महसूस किये हुए
अपनी आँखों के जल से
पंख फड़फड़ा उस सफेद हंस को
पाना विभोर, गतिमान,
तुम्हारी मुस्कान।

सिगरेट पीती हुई औरत

पहली बार
सिगरेट पीती हुई औरत
मुझे अच्छी लगी।

क्योंकि वह प्यार की बातें
नहीं कर रही थी।
—चारों तरफ़ फैलता धुआँ
मेरे भीतर धधकती आग के
बुझने का गवाह नहीं था।

उसकी आँखों में
एक अदालत थी :
एक काली चमक
जैसे कोई वकील उसके भीतर जिरह कर रहा हो
और उसे सवालों का अनुमान ही नहीं
उनके जवाब भी मालूम हों।

वस्तुतः वह नहा कर आयी थी
किसी समुद्र में,
और मेरे पास इस तरह बैठी थी

जैसे धूप में बैठी हो।
उस समय धुएँ का छल्ला
समुद्र-तट पर गड़े छाते की तरह
खुला हुआ था–
तृप्तिकर, सुखविभोर, सन्तुष्ट,
उसको मुझमें खोलता और बचाता भी।

तुम्हारा तन

तुम्हारा तन
एक हरी-भरी झाड़ी है
जिससे मैं मेमने-सा
अपना तन रगड़ता हूँ।
एक सलोनापन
अलग होने के बाद भी
हमारे बीच बहुत देर तक
लहराता रहता है,
संगीत और रंगों से परे
उस शान्ति की तरह
जो सरोद के बज चुकने के बाद
उसके चारों ओर
छायी रहती है।

यह शान्ति वह नहीं है
जो बजने के पूर्व थी
न यह सलोनापन वह है
जो अलग-अलग
हममें तुममें था।
यह हमसे तुमसे उत्पन्न हो

हमसे तुमसे मुक्त
एक नयी सृष्टि रच गयी ।

टीन पर ओले-1

तप रहा था
पड़े ओले
घाव चुप
आघात बोले ।

फिर वही
एक ख़ामोशी
दुबक कर सो गयी,
गिरी, टूटी, जुड़ी, पिघली,
खो गयी ।

फिर वही तपना
शून्य नभ का देखना अपना
अबोले ।

टीन पर ओले-2

अंक भर लो
आग वर लो
शेष रूप
अशेष कर लो ।

विलय की लय
सज-सँवर लो
व्यथा हर लो।

गिरो, टूटो,
बिछो, तोड़ो,
फिर उबर लो।

मेरे भीतर की कोयल

मेरे भीतर कहीं
एक कोयल पागल हो गयी है।

सुबह, दोपहर, शाम, रात
बस कूकती ही रहती है
हर क्षण
किन्हीं पत्तियों में छिपी
थकती नहीं।

मैं क्या करूँ?
उसकी यह कुहू-कुहू
सुनते-सुनते मैं घबरा गया हूँ।

कहाँ से लाऊँ
एक घनी फलों से लदी अमराई?
कुछ बूढ़े पेड़
पत्तियाँ सँभाले खड़े हैं
यही क्या कम है!

मैं जानता हूँ
वह अकेली है

और भूखी
अपनी ही कूक की
प्रतिध्वनि के सहारे
वह जिये जा रही है
एक आस में—
अभी कोई आयेगा
उसके साथ मिलकर गायेगा
उसकी चोंच से चोंच रगड़ेगा
पंख सहलायेगा
यह बूढ़े पेड़ फलों से लद जायेंगे।

कुहू-कुहू
उसकी आवाज—
वह नहीं जानती
मैं जानता हूँ
अब दिन-पर-दिन कमजोर होती जा रही है।
कुछ दिनों बाद
इतनी शिथिल हो जायेगी
कि प्रतिध्वनियाँ बनाने की
उसकी सामर्थ्य चुक जायेगी।

वह नहीं रहेगी।
मेरे भीतर की यह पागल कोयल
तब मुझे पागल कर जायेगी।
मैं बूढ़े पेड़ों की छाँह नापता रहूँगा
और पत्तियाँ गिनता रहूँगा
खामोश।

फसल

हल की तरह
कुदाल की तरह
या खुरपी की तरह
पकड़ भी लूँ कलम को
तो भी फसल काटने को
मिलेगी नहीं हमको।

हम तो जमीन ही तैयार कर पायेंगे
क्रान्तिबीज बोने कुछ बिरले ही आयेंगे।
हरा-भरा वही करेंगे मेरे श्रम को
सिलसिला मिलेगा आगे मेरे क्रम को।

कल जब फसल उगेगी लहलहायेगी
मेरे न रहने पर भी हवा से इठलायेगी
तब मेरी आत्मा सुनहरी धूप बन बरसेगी
जिन्होंने बीज बोया था उन्हीं के चरन परसेगी।

काटेंगे उसे जो, फिर वही उसे बोयेंगे
हम तो कहीं धरती के नीचे दबे सोयेंगे।

पिछड़ा आदमी

जब सब बोलते थे
वह चुप रहता था,
जब सब चलते थे
वह पीछे हो जाता था

जब सब खाने पर टूटते थे
वह अलग बैठा टूँगता रहता था,
जब सब निढाल हो सोते थे
वह शून्य में टकटकी लगाये रहता था,
लेकिन जब गोली चली
तब सबसे पहले
वही मारा गया।

पोस्टमार्टम की रिपोर्ट

गोली खाकर
एक के मुँह से निकला–
'राम'।

दूसरे के मुँह से निकला–
'माओ'।

लेकिन
तीसरे के मुँह से निकला–
'आलू'।

पोस्टमार्टम की रिपोर्ट है
कि पहले दो के पेट
भरे हुए थे।

रिश्ते

खुद कपड़े पहने
दूसरे को कपड़े पहने देखना

खुद कपड़े पहने
दूसरे को कपड़े न पहने देखना
खुद कपड़े न पहने
दूसरे को कपड़े न पहने देखना
तीन अलग-अलग रिश्ते बनाना है।

इनमें से
पहले से तुम्हें मन बहलाना है
दूसरे को खोजने जाना है
तीसरे के साथ मिलकर
क्रान्ति और सृजन का परचम उठाना है।

रिश्ता

कितना निराला रिश्ता है
पेड़ का चिड़िया से।

वह नहीं जानता
वह उस पर उतरेगी
या यों ही मँडराकर चली जायेगी।
उतरेगी तो कितनी देर के लिए
किस टहनी पर
वह नहीं जानता।

वह यहाँ घोंसला बनायेगी
या पत्तों में मुँह छिपाकर सो जायेगी
वह नहीं जानता।
उसके पंखों के रंग
उसकी पत्तियों के रंग

जैसे ही हैं या नहीं
वह नहीं जानता।

वह क्यों आती है
क्यों चली जाती है
क्यों चहचहाती है
क्यों खामोश होती है
वह नहीं जानता।

वह क्यों सहमती है
क्यों डरती है
क्यों उसे निर्भय गान से भरती है
क्यों उसके फल कुतरती है
क्यों उसकी आत्मा में उतरती है
वह नहीं जानता।

कल उसके टूट जाने पर
वह कहाँ होगी
वह नहीं जानता।

कितना निराला रिश्ता है
पेड़ का चिड़िया से
जिसे वह अपना मानता है
और जिसके सहारे
हर बार अपने को
नये सिरे से पहचानता है।

नदी से-1

तमाम दोपहर—
मैं तुम्हारे किनारे घूमता रहा

बिना यह जाने कि तुम कहाँ से आयी हो
और किससे मिलने जा रही हो
तुम्हारी कितनी थाह है।
मुझे केवल वे लहरियाँ अच्छी लगती रहीं
जो तुममें उठती रहीं—
धूप में झिलमिलातीं, खिलखिलातीं
मछलियों-सी कलाबाजियाँ खातीं, फिसलतीं।
लगातार यह कुतूहल मुझमें बना रहा
कि अंजलि में भरते ही
वह लहराता रूप कहाँ चला जाता है।

तमाम दोपहर—
मैं तुम्हारी गुनगुनी रेत में बैठा रहा
जो एक परत हटाते ही ठण्डी मिलती
जिसे तुम खिलखिला-खिलखिलाकर
एक-एक लहरियों से लातीं बिछातीं, लातीं बिछातीं···

तमाम दोपहर—
मैं उन सीपियों से खेलता रहा
जो तुम्हारी रेत में पड़ी थीं
रेत में लिखता रहा गहरा और गहरा
और देखता रहा कि कितनी सफाई से
आहिस्ता-आहिस्ता हर लिखा मिट जाता है।

अब शाम हो रही है
मैं अभी चला जाऊँगा
बिना यह जाने हुए कि तुम्हें भी पता है
कि कोई तुम्हारे किनारे घूमता रहा
रेत में बैठा रहा
सीपियों से खेलता रहा
अपना लिखा मिटता देखता रहा।

नदी से-2

जितना ही जल
अंजलि में तुममें से उठा पाता हूँ
मेरे लिए तुम उतनी ही हो ।
उससे ही अपनी तृषा शान्त करता हूँ
उससे ही अपने भीतर उगते सूर्य को
अर्घ्य चढ़ाता हूँ ।
और हर बार रीती अंजलि
आँखों और मस्तक से लगा
अनुभव करता हूँ
मैं तुम्हें
अपने भीतर
बहते देख रहा हूँ ।

नदी से-3

इस एकान्त में
कपड़े उतारकर
कूद पड़ूँगा मैं
तुम्हारे लहराते जल में ।
निर्मल देह
और निर्मल हो जायेगी ।
फिर हम दोनों
एक दूसरे को छोड़ चले जायेंगे ।

ज. स्वामीनाथन के लिए चार कविताएँ

1. चमक

चमक है पसीने की
कसी हुई मांसपेशियों पर।
चमक है ख्वाबों की
तनी हुई भृकुटि पर।
चमक सूखे तपे लोहे की घन में,
चमक बहते नाले की
शान्त सोये वन में।
उसी चमक के सहारे मैं जिऊँगा
हर हादसे में आये जख्मों को सिऊँगा।

2. पहाड़

भय से मुक्त किया तुमने
पर आशंका से नहीं
ज़ाने कब पहाड़ यह
सन्तुलन बिगड़े
जा अतल में समाये
या फिर महाशून्य में
विलय हो जाये–
जिसे मैं अपनी छाती पर ढो रहा हूँ
जिसके लिए निर्मल पारदर्शी जल
हो रहा हूँ।

3. हरा और पीला

फैले हरे पर
ज्यों सिमटी पीली रेखा–

मैंने खुद को
तुम्हारी आँखों में देखा।
बाल मैं नहीं हूँ
लहराते धान के खेत में
जो कलगी बन जाऊँ
दृश्य जगत का सेतमेत में।
डण्ठल हूँ
इधर लेता, उधर देता हूँ।
चारा हूँ पशुओं का
मत कहो प्रणेता हूँ।

4. चिड़िया

जितनी रंगीन चिड़ियाँ थीं मुझमें
सब उड़ गयीं
जाने किन तरुओं गिरि-शिखरों से
जुड़ गयीं
सूना नहीं हूँ मैं फिर भी ओ चितेरे,
राग बनकर के
सब मुझमें ही निचुड़ गयीं।

शमशेर का काव्य संग्रह पढ़ने के बाद

उतर आये
कुछ सितारे
व्यथा बोझिल
पलक पर–
नहाती है चाँदनी
डबडबायी झील में।

स्वच्छ जल : कहीं भीतर बहुत गहरे
दीखती हैं मछलियाँ, रंगीन पत्थर।
एक हल्का-सा करुण संगीत चारों ओर।

विकल, मौन, उदास
नीली घाटियों में
दीख जाती हैं कभी
एक-दो लाल पंखुरियाँ
झरतीं, ठोस नभ के पार से।

(कुमारी कविता
लाज ढँकने को
अंजीर का पत्ता नहीं
रोटी बाँधती है !)

यह हाथ

डूबते आदमी का
जल से ऊपर उठा यह हाथ
फिर-फिर शून्य को पकड़ता
मेरे साथ–
तुमने रचा।

हथकड़ियाँ पहनाने के लिए
अब भी है यह बचा।

इसे शुमार कर लो उस गिनती में
जिसे तुम भूलते जा रहे हो।

नित नयी चट्टान तोड़कर
उगते पेड़-सा यह हाथ,
सख्त धरती की परतें फोड़कर
निकली घास की पत्ती-सा यह हाथ,
निरन्तर मेरे साथ–
जिसके इशारे पर
पानी में पड़ी लाश-सा
तुम फूलते जा रहे हो।

इसे शुमार कर लो उस गिनती में
जिसे तुम भूलते जा रहे हो।
अकड़ी हैं उँगलियाँ–शाखाएँ
इन पर चिड़ियों से कहो
आयें, गायें
पर फैलायें।

[हिम्मतशाह की कृति 'हाथ' देखकर]

सुरों के सहारे-1

चाँदनी रात
शान्त वन
पत्तियाँ झर रही हैं।
घुमाव लेती नदी
चप्पू चलाती चली जा रही है
एक नाव।

रोशनी हिली–
जाने कहाँ से
निकलती आने लगीं

एक के बाद एक चिड़ियाँ
आकाश चहचहाहट से भर गया
फिर एक-एक कर जाने कहाँ खो गयीं।

भीगी घास पर
हिलने लगे हरसिंगार।
तिप-तिप बजने लगीं पत्तियाँ
सारे वन की
अदृश्य बूँदों में।

फूलों की पंखुरियाँ
हवा में नाचकर
फिर फूलों से लिपटने, जुड़ने लगीं।

यह कैसा अनिंद्य वन है!
एक सुनहरा उजास
थिरक रहा है
हर वृक्ष पर,
हर पत्ती आहिस्ता गुनगुना रही है।
किरनें एक-दूसरे से गुँथकर
नाच रही हैं,
सारा जंगल झूम रहा है मेरे भीतर।

रोको मत सुरों को
नहीं तो एक विराट शून्य में
भटकती रह जायेगी
आवाज प्यासी आत्मा की।

[श्रीमती राजम से वायलिन पर 'नीलाम्बरी' सुनते हुए]

सुरों के सहारे-2

दूर-दूर तक
सोयी पड़ी थीं पहाड़ियाँ
अचानक टीले करवट बदलने लगे
जैसे नींद में उठ चलने लगे।
एक अदृश्य विराट हाथ बादलों-सा बढ़ा
पत्थरों को निचोड़ने लगा
निर्झर फूट पड़े
फिर घूमकर सब कुछ रेगिस्तान में
बदल गया।

शान्त धरती से
अचानक आकाश चूमते
धूल भरे बवण्डर उठे
फिर रंगीन किरणों में बदल
धरती पर बरसकर शान्त हो गये।

तभी किसी
बाँस के वन में आग लग गयी
पीली लपटें उठने लगीं,
फिर धीरे-धीरे हरी होकर
पत्तियों से लिपट गयीं।
पूरा वन असंख्य बाँसुरियों में बज उठा,
पत्तियाँ नाच-नाचकर
पेड़ों से अलग हो
हरे तोते बन उड़ गयीं।

लेकिन भीतर कहीं बहुत गहरे
शाखों में फँसा

बेचैन छटपटाता रहा
एक बारहसिंहा ।

सारा जंगल काँपता हिलता रहा ।

लो वह मुक्त हो
चौकड़ी भरता
शून्य में विलीन हो गया
जो धमनियों से
अनन्त तक फैला हुआ है ।

[कुमार गन्धर्व का गायन सुनते हुए]

जड़ें

जड़ें कितनी गहरी हैं
आँकोगी कैसे ?
फूल से ?
फल से ?
छाया से ?
उसका पता तो इसी से चलेगा
आकाश की कितनी
ऊँचाई हमने नापी है,
धरती पर कितनी दूर तक
बाँहें पसारी हैं ।

जलहीन, सूखी, पथरीली,
जमीन पर खड़ा रहकर भी
जो हरा है
उसी की जड़ें गहरी हैं
वही सर्वाधिक प्यार से भरा है ।

अपनी बिटिया के लिए दो कविताएँ

[1]

पेड़ों के झुनझुने
बजने लगे;
लुढ़कती आ रही है
सूरज की लाल गेंद।
उठ मेरी बेटी, सुबह हो गयी।

तूने जो छोड़े थे
गैस के गुब्बारे :
तारे, अब दिखायी नहीं देते;
(जाने कितने ऊपर चले गये।)
तूने जो नचायी थी फिरकी :
चाँद, देख अब गिरा, अब गिरा।
उठ मेरी बेटी, सुबह हो गयी।

तूने थपकियाँ देकर
जिन गुड्डे-गुड़ियों को सुला दिया था :
टीले, मुँहरँगे आँख मलते हुए बैठे हैं;
गुड्डे की ज़रतारी टोपी
उलटी नीचे पड़ी है : छोटी तलैया;
वह देखो उड़ी जा रही है चूनर
तेरी गुड़िया की : झिलमिल नदी।
उठ मेरी बेटी, सुबह हो गयी।

तेरे साथ थककर
सोयी थी जो तेरी सहेली हवा,
जाने किस झरने में नहाकर आ गयी है,

गीले हाथों से छू रही है तेरी तसवीरों की किताब
देख तो, कितना रंग फैल गया।

उठ, घंटियों की आवाज़ धीमी होती जा रही है,
दूसरी गली में मुड़ने लग गया है बूढ़ा आसमान,
अभी भी दिखाई दे रहे हैं उसकी लाठी में बँधे
रंग-बिरंगे गुब्बारे, कागज़-पन्नी की हवा चर्खियाँ,
लाल हरी ऐनकें, दफ़ती के रंगीन भोंपू;
उठ मेरी बेटी, आवाज़ दे, सुबह हो गयी।

उठ देख–
बन्दर बिसकुट का तेरा डिब्बा लिये
छत की मुँडेर पर बैठा है :
धूप आ गयी।

[2]

देख यह रबड़ की चिड़िया
पेट दबाने पर गाती है,
यह खरगोश उछलता है,
भूख से कहीं रोता है कोई–
दूध है दूध यह धूप
जो चारों तरफ़ फैली है।

उठ, भर ले अपना कटोरा
आख़िर चन्दा मामा भी तो यही दूध पीता है।

आसमान के पार, बहुत दूर, एक बहुत बड़ी गाय है;
जो किसी को दिखाई नहीं देती,
वह गाय तेरे पिता की है,
वह हर भूखे बच्चे के पिता की होती है;

रो मत, नहीं तो वह गाय भाग जाती है,
और फिर पिता खोजने जाता है तो लौटता नहीं।

पत्नी की मृत्यु पर

बायें हाथ में ले
अपना कटा हुआ दाहिना हाथ
बैठा हूँ मैं घर के उस कोने में
जिसे तुम्हारी मौत
कितनी सफ़ाई से खाली कर गयी है।

अब यहाँ शाम
बिना पैर धोये आती है
और किसी बुझी भट्टी में
सोये हुए कुत्ते की तरह
बदन झटककर चली जाती है।
सितार पर रात भर रेंगता है मकड़ा
पर कोई भी तार झंकृत नहीं होता
स्तब्ध है आयु—
एक फेंका हुआ पत्थर जैसे
आकाश में ही रुक गया हो।

एक द्वार की तरह
मैं रेगिस्तान में खड़ा हूँ
एक टूटी दीवार का अकेलापन भी
अब कहाँ है जो कुछ रोक सके।
गर्म हवाएँ सनसनाती हुई
मुझमें से गुज़र जाती हैं।
उन्नीस वर्ष

उन्नीस शब्दों का श्लोक तो नहीं
जो कण्ठस्थ हो जाये
जिसे जपकर मैं उबर जाऊँ ?

चारों ओर हरहराती है बाढ़
कमर तक पानी में
पीठ पर सन्दूक लादे खड़ा मैं
देख रहा हूँ सामने से
बहता हुआ सारा घर
हिलती हुई छत पर
कुछ सहमे, कुछ निडर बैठे
अपने दो खिलौने ।
भविष्य सिकोड़ता जा रहा है मेरी पीठ
और झुकाता जा रहा है मेरे कन्धे
छाती पहाड़ बनाते-बनाते
मैं आदमी से नाव बनता जा रहा हूँ ।

बायें हाथ में ले
अपना कटा हुआ दाहिना हाथ
लिखता हूँ मैं ईश्वर का नाम
क्योंकि वही सबसे छोटा है
क्योंकि उसी को मैं नहीं जानता
क्योंकि वही मेरा शत्रु है
उसे ही मैं अपना नहीं मानता
लेकिन बन जाता है एक नक्शा
जिसमें अंकित करता हूँ अपने पड़ाव
अपनी गति, अपने ठहराव ।

बायें हाथ में ले
अपना कटा हुआ दाहिना हाथ
फेंकता हूँ पत्थर इस सड़े-गले समाज पर

क्योंकि वही मेरे पास खड़ा है
क्योंकि वही दीखता बड़ा है
क्योंकि वही मेरा मित्र है
वही दुख-सा गहरे गड़ा है
लेकिन गिरता है एक फूल
जिसे चढ़ाता हूँ मैं
अपनी और तुम्हारी हर भूल पर।

'देह का धर्म है
सहना, फिर न रहना'
क्या इतना ही था
तुम्हें मुझसे कहना।
मैं जानता हूँ मुझे भी एक दिन मृत्यु
इसी तरह अकेला पाकर दबोच लेगी।
इसी तरह निकलेगी एक निरुपाय कराह
इसी तरह कोई दूसरा कहेगा
हर मौत दिखाती है जीवन को नयी राह।

घर के इस खाली कोने में
छोड़ गयी हो तुम एक शिलालेख जो मैं हूँ;
नहीं जो तुम्हारी मृत्यु है।
जो तुम्हारी मृत्यु है
वही मैं हूँ।
वही मैं हूँ...
बायें हाथ में ले
अपना कटा हुआ दाहिना हाथ
उठाता हूँ मैं इस शिलालेख को
जिस पर शाम बिना पैर धोये
आकर बैठ गयी है।

दिवंगत पिता के लिए

[1]

सूरज के साथ-साथ
सन्ध्या के मैंत्र डूब जाते थे,
घंटी बजती थी अनाथ आश्रम में
भूखे भटकते बच्चों के लौट आने की;
दूर-दूर तक फैले खेतों पर,
धुएँ में लिपटे गाँव पर,
वर्षा से भीगी कच्ची डगर पर,
जाने कैसा रहस्य भरा करुण अन्धकार फैल जाता था;
और ऐसे में आवाज़ आती थी पिता
तुम्हारे पुकारने की,
मेरा नाम उस अँधियारे में
बज उठता था, तुम्हारे स्वरों में।
मैं अब भी हूँ
अब भी है यह रोता हुआ अन्धकार चारों ओर
लेकिन कहाँ है तुम्हारी आवाज़
जो मेरा नाम भरकर
इसे अविकल स्वरों में बजा दे।

[2]

'धक्का देकर किसी को
आगे जाना पाप है'
अतः तुम भीड़ से अलग हो गये।

'महत्वाकांक्षा ही सब दुखों का मूल है'
इसलिए तुम जहाँ थे वहीं बैठ गये।

'संतोष परम धन है'
मानकर तुमने सब कुछ लुट जाने दिया।

पिता! इन मूल्यों ने तो तुम्हें
अनाथ, निराश्रित और विपन्न ही बनाया,
तुमसे नहीं, मुझसे कहती है,
मृत्यु के समय तुम्हारे
निस्तेज मुख पर पड़ती यह क्रूर दारुण छाया।

[3]

'सादगी से रहूँगा'
तुमने सोचा था
अतः हर उत्सव में तुम द्वार पर खड़े रहे।
'झूठ नहीं बोलूँगा'
तुमने व्रत लिया था
अतः हर गोष्ठी में तुम चित्र से जड़े रहे।

तुमने जितना ही अपने को अर्थ दिया
दूसरों ने उतना ही तुम्हें अर्थहीन समझा।
कैसी विडम्बना है कि
झूठ के इस मेले में
सच्चे थे तुम
अतः वैरागी से पड़े रहे।

[4]

तुम्हारी अन्तिम यात्रा में
वे नहीं आए
जो तुम्हारी सेवाओं की सीढ़ियाँ लगाकर
शहर की ऊँची इमारतों में बैठ गये थे;
जिन्होंने तुम्हारी सादगी के सिक्कों से
भरे बाजार भड़कीली दुकानें खोल रक्खी थीं;

जो तुम्हारे सदाचार को
अपने फ़र्म का इश्तहार बनाकर
डुगडुगी के साथ शहर में बाँट रहे थे।

पिता! तुम्हारी अन्तिम यात्रा में वे नहीं आए
वे नहीं आए।

काठमाण्डू में भोर

बर्फ़ की सफ़ेद चोटियों पर
खिली हुई आग
घने कुहरे ने छिपा रक्खी है।
सारा शहर
एक बहुत बड़ी मच्छरदानी
लगाकर सो रहा है।

बुराँस के फूलों के झुके हुए
सुर्ख़ मुख से
वे आवरण हट रहे हैं
जिन्हें रात
अँधेरी सूनी सड़कों पर
किन्हीं बेचैन आवाज़ों ने बुना था।
सुन्दरीजल के विशाल शिलाखण्ड
बिना तेज़ हवा के उड़ रहे हैं,
झुके हुए मस्तकों से टकरा रहे हैं;
और नये हस्ताक्षरों के बीच से
जल की एक पतली धार
लड़खड़ाती हुई
रास्ता बना रही है।

एक बहुत बड़े मोर की कलगी तोड़कर
आस्था के नाम पर चढ़ा दी गयी है,
और उसकी गरदन
शक्ति के चरणों पर मरोड़ी जा रही है,
उसके सुन्दर पंख
सुबह की धूप में झिलमिलाकर
शान्त हो रहे हैं।
'विनाश विनाश के लिए'
खुली खिड़की से विक्षिप्त
हताश पुकारें आती हैं,
और धूप से लगकर
पिघल जाती हैं।

मन्दिरों पर बनी विशाल आँखें
न इतिहास देखती हैं,
न नीलाकाश,
न सुलगते अधर देखती हैं,
न हिमशिखर।

धूप तैर रही है—
पारदर्शी कुहरे के जल में,
और छोटी-छोटी खोयी हुई
अनेक आँखों में
जो थके झुर्रियोंदार चेहरों में लगी हैं।

पीठ पर भारी डोको में मूलियाँ भरे
झुकी हुए गरीब सुबह
पहाड़ी ढाल पर उतर रही है।

छपाक्—कुछ गिरा,
पता नहीं पत्थर या आदमी या सूरज।

पाँच नगर-प्रतीक

दिल्ली :
कच्चे रंगों में नफ़ीस
चित्रकारी की हुई, काग़ज़ की एक डिबिया
जिसमें नकली हीरे की अँगूठी
असली दामों के कैशमेमो में लिपटी हुई रखी है।

लखनऊ :
शृंगारदान में पड़ी
एक पुरानी खाली इत्र की शीशी
जिसमें अब महज़ उसकी कार्क पड़ी सड़ रही है।

बनारस :
बहुत पुराने तागे में बँधी एक तावीज़,
जो एक तरफ़ से खोलकर
भाँग रखने की डिबिया बना ली गयी है।

इलाहाबाद :
एक छूछी गंगाजली
जो दिन-भर दोस्तों के नाम पर
और रात में कला के नाम पर
उठायी जाती है।

बस्ती :
गाँव के मेले में किसी
पनवाड़ी के दूकान का शीशा
जिस पर इतनी धूल जम गयी है
कि अब कोई भी अक्स दिखायी नहीं देता।

इस मृत नगर में

इस मृत नगर में
रात-दिन मैं चलता हूँ
और अन्त में वहीं पहुँच जाता हूँ
जहाँ से चलना शुरू करता हूँ।

हर तरफ़ दरवाज़े
या तो बन्द मिलते हैं
या मृत पुतलियों की तरह खुले,
हर यात्रा शुरू होने के पहले ही
समाप्त हो जाती है।
जिस चीज को भी छूता हूँ
वह अरअराकर मेरे ही ऊपर
गिर पड़ती है।
सहारे की हर तलाश
मुझे छोटा और कमज़ोर कर जाती है।

दृष्टियाँ असंख्य मिलती हैं
लेकिन किसी भी पुतली में
मुझे अपना अक्स नहीं दीखता,
हर सम्बन्ध की सीढ़ी से
उतरने के बाद
मैं और अकेला छूट जाता हूँ
इस मृत नगर में।
यहाँ ऊँची-ऊँची इमारतें
आश्रय के लिए नहीं, आत्मभोग के लिए हैं;
उन्हें पीठ पर लादकर रेंगता हूँ,
समय एक विशाल पहिए-सा

लुढ़कता हुआ आता है
और मुझे किसी ढाल पर
कुचला हुआ छोड़कर
आगे निकल जाता है।
मैं जीवित हूँ या मृत
कुछ समझ में नहीं आता।

मैं हँसता हूँ, गाता हूँ,
रोता हूँ, चीखता हूँ,
प्यार करता हूँ, गालियाँ देता हूँ,
लेकिन हर स्थिति में
वैसे का वैसा ही रह जाता हूँ,
जैसे मैं मुर्दों के बीच हूँ–
उन्हें ही उठा रहा हूँ, रख रहा हूँ,
उनसे ही लिपट रहा हूँ, लड़ रहा हूँ,
उन्हें ही बाँध रहा हूँ,
छोड़कर आगे बढ़ रहा हूँ,
इस मृत नगर में।

बड़ी से बड़ी बात
हवा में धूल की तरह उड़ जाती है–
प्रार्थनाघरों के घण्टे तक
जंगली जानवरों की तरह
दुर्गन्ध सूँघते मिलते हैं,
और ईश्वर का नाम
हर कमीने चेहरे पर मुखौटा बन जाता है।

आस्था के नाम पर मूर्खता,
विवेक के नाम पर कायरता,
सफलता के नाम पर नीचता,
मुहर की तरह हर व्यक्ति पर लगी हुई है,
और एक लाश दूसरी लाश को

इन्हीं साँचों में ढालती जाती है
इस मृत नगर में।

हर कुएँ का पानी यहाँ सड़ा हुआ है,
हर ताल मरी मछलियों से भरा है,
मैं बड़े-बड़े पत्थर उठाकर फेंकता हूँ
सिर्फ़ यह देखने के लिए
कि वे वहीं हैं या पीछे छूट गये,
मृत्यु—हर क्षण एक मृत्यु
मेरे सामने खड़ी हो जाती है—
आकांक्षा से लेकर अभिव्यक्ति तक
प्रारम्भ से लेकर उपलब्धि तक
हर चरण पर एक मृत्यु है
जिसे मैं मरता हूँ—
फिर भी चलता जाता हूँ
इस मृत नगर में।

शब्द जिन्हें मैं बुनता हूँ
मर चुके हैं,
शब्द जिन्हें मैं सुनता हूँ
मर चुके हैं,
सम्बन्ध जिन्हें मैं जीता हूँ
मर चुके हैं,
सम्बन्ध जिनमें मैं बीता हूँ
मर चुके हैं,
हर क्षण एक दर्पण टूटता है
एक आकृति मरती है
चाहे वह ईश्वर की हो
या आदमी की,
शहर के घण्टाघर की हो
या अकादमी की,

ज्ञान का अर्थ
यहाँ केवल मृत्यु का ज्ञान है
शेष सब अज्ञान है
इस मृत नगर में ।

इन्सान के नाम पर
एक बहुत बड़ा झंडा यहाँ लहराता है
मरे हुए इतिहास का एक पन्ना
दौड़ता फड़फड़ाता गाता है,
हर बार उससे टकराकर
मैं रास्ते से अलग जा गिरता हूँ,
वितृष्णा और बदबू का एक झोंका
फिर मुझे उठाता है ।
मैं अपनी सारी शक्ति से
अदृश्य को ठेलता हूँ
फिर खून और पसीने से
सराबोर हो गिर पड़ता हूँ,
किसी अपरिचित वृक्ष का
एक पत्ता हिलता है,
मक्खियाँ भिनभिनाती हैं,
और मैं फिर जाने क्यों
उठ पड़ता हूँ
और चलता जाता हूँ
इस मृत नगर में ।

जहाँ चलना मृत्यु है,
न चलना मृत्यु है,
विश्वास मृत्यु है,
अविश्वास मृत्यु है,
समर्पण मृत्यु है,
विद्रोह मृत्यु है,

प्यार मृत्यु है,
घृणा मृत्यु है,
जीना मृत्यु है,
न जीना मृत्यु है,
इस मृत नगर में
अन्त में वहीं पहुँच जाता हूँ
जहाँ से चलना शुरू करता हूँ।

रात-भर

रात-भर
हवा चलती रही,
मन मेरा
स्मृति के कब्ज़े पर
कसे हुए खिड़की के पल्ले-सा
खुलता, बन्द होता रहा,
छड़ और दीवार के बीच
सिर पटकता, रोता रहा।

खूँटी पर लटका
एक चित्र हिलता रहा,
सेज पर कोई
चादर तान सोता रहा।

घन्त-मन्त

घन्त-मन्त दुई कौड़ी पावा
कौड़ी लै के दिल्ली आवा,

दिल्ली हम का चाकर कीन्ह
दिल-दिमाग़ भूसा भर दीन्ह,
भूसा ले हम शेर बनावा
ओह से एक दुकान चलावा,
देख दुकान सब किहिन प्रणाम
नेता बनेन कमाएन नाम,
नाम दिहिस संसद में सीट
ओह पर बैठ के कीन्हा बीट,
बीट देख छायी खुशियाली
जनता हँसेसि बजाइस ताली,
ताली से ऐसी मति फिरी
पुरानी दीवार उठी, नयी दीवार गिरी।

व्यंग्य मत बोलो

व्यंग्य मत बोलो।
काटता है जूता तो क्या हुआ
पैर में न सही
सिर पर रख डोलो।
व्यंग्य मत बोलो।

अन्धों का साथ हो जाये तो
खुद भी आँखें बन्द कर लो,
जैसे सब टटोलते हैं
राह तुम भी टटोलो।
व्यंग्य मत बोलो।

क्या रखा है कुरेदने में,
हर एक का चक्रव्यूह भेदने में,

सत्य के लिए
निरस्त्र टूटा पहिया ले
लड़ने से बेहतर है
जैसी है दुनिया
उसके साथ हो लो ।
व्यंग्य मत बोलो ।

कुछ सीखो गिरगिट से
जैसी शाख वैसा रंग
जीने का यही है सही ढंग
अपना रंग दूसरों से अलग पड़ता है तो
उसे रगड़ धो लो ।
व्यंग्य मत बोलो ।

भीतर कौन देखता है
बाहर रहो चिकने,
यह मत भूलो
यह बाज़ार है
सभी आये हैं बिकने,
राम-राम कहो
और माखन-मिश्री घोलो ।
व्यंग्य मत बोलो ।

चुपाई मारौ दुलहिन

चुपाई मारौ दुलहिन
मारा जाई कौआ ।

[1]

दे रोटी ?

गयी कहाँ थी बड़े सबेरे
कर चोटी ?

लाला के बाज़ार में,
मिली दुअन्नी
पर वह भी निकली खोटी,
दिन भर सोयी,
बीच बाज़ार में बैठ के रोयी,
साँझ को लौटी
ले खाली झौआ।

चुपाई मारौ दुलहिन
मारा जाई कौआ।

[2]

दे धोती ?

दिन भर चरखा कात
साँझ को क्यों रोती ?

सूत बेचकर
पी आये घर में ताड़ी,
छीन लँगोटी,
काटी बोटी-बोटी,
किस्मत ही निकली खोटी,
ऊपर नेग माँगते हैं
ये बाभन-नौआ।

चुपाई मारौ दुलहिन
मारा जाई कौआ।

[3]

दे छानी ?

सुना कि तूने की
सरकारी मेहमानी ?

खूब कहा !
बाढ़ में सब घर-द्वार बहा,
आध-आध गज़ कपड़ा पावा
और सेर भर आटा,
तीन-चार दिन किसी तरह
घर-भर ने मिलकर काटा,
दाने-दाने को मोहताज,
घूम रहे हैं बे-घर आज,
तीन रुपये इमदाद मिली है
ऊपर तीस बुलौआ।

चुपाई मारौ दुलहिन
मारा जाई कौआ।

[4]

दे पैसा ?

थी बीमार ?
अरे, यह रूप हुआ कैसा !

मेले में दूकान की
माचिस बीड़ी पान की,

कुछ तो खा गये हाकिम-उमरा
कुछ खा गये सिपाही,
बाकी बचा टैक्स भर आयी
ऐसी हुई तबाही,
ब्याह की हँसुली गिरौ धरी है
थी बस एक चढ़ौआ।

चुपाई मारौ दुलहिन
मारा जाई कौआ।

[5]

दे गीता ?

लगे कोर्स में
ऐसा क्या हो गया सुभीता ?

हाथ में थैली
और पैर पर टोपी धर
फैलाते हैं सब अपना गोरखधन्धा,
आँख खोलने वाले को कहते अन्धा
मैं भी दौड़ी
पास न थी पर कानी कौड़ी—
मुँह लटकाये मिले राह में
मुझे किशन-बलदेउआ।

चुपाई मारौ दुलहिन
मारा जाई कौआ।

[6]

दे आज़ादी ?

किसके बल पर
दुखिनी कहलाती शहज़ादी ?
गाँधीजी के चेला के ।
पड़ा अकाल, नहीं तो
पूछे जाते नहीं अधेला के,
बोली मारै,
बात-बात में
गोली मारै,
शोर मचाता घूमै
बच्चे ज्यों लूटें कनकौआ ।

चुपाई मारौ दुलहिन
मारा जाई कौआ ।

[7]

दे मौत ?

अरे बुलाता है क्या कोई
घर में सौत ?

मरद गँड़ासा लेकर हो
गर रोज़ खड़ा,
चकला घूमै
सुनै न औरत का दुखड़ा,
जब-जब पान सुपारी दे
तब-तब मुँह पर गारी दे,
इससे अच्छा
रचा बरिच्छा
डूब मरै गंगाजी में कह
आया राम-बुलौआ ।

चुपाई मारौ दुलहिन
मारा जाई कौआ।

—

गोबरैले

[1]

यह क्या हुआ
देखते-देखते
चारों तरफ गोबरैले छा गए।

गोबरैले–
काली चमकदार पीठ लिये
गंदगी से अपनी-अपनी दुनिया रचते
ढकेलते आगे बढ़ रहे हैं
कितने आत्मविश्वास के साथ!

जितनी बिष्ठा
उतनी निष्ठा।
कितनी तेज़ी से
हर कोई यहाँ रच रहा है
एक गोल-मटोल संसार
और फिर उसे
तीखी चढ़ाइयों
और ऊबड़-खाबड़ ढलानों पर
ठेलता जा रहा है।

देखने-सुनने और समझने के लिए
अब यहाँ कुछ नहीं रहा–

सत्ताधारी, बुद्धिजीवी,
जननायक, कलाकार,
सभी की एक जैसी पीठ
काली चमकदार,
एक जैसी रचना
एक जैसा संसार।

पच्चीस वर्षों से लगातार
यही देखते-देखते
लगता है हम सब
गोबरैलों में बदल गये हैं,
यह दूसरी बात है
कि अपना संसार रचने के प्रयास में
हम औंधे गिर पड़े हैं;
हमारे नन्हें-नन्हें पैर
इस शून्य में निरंतर चल रहे हैं
और चलते जा रहे हैं
जब तक यह विराट आकाश
एक गंदी गोली में न बदल जाए।

[2]

अच्छे से अच्छा शब्द फूलकर
गोबरैले में बदल जाता है
और बड़े से बड़े विचार को
गंदी गोली की तरह ठेलने लगता है–
चाहे वह ईश्वर हो या लोकतंत्र।
गोबरैले चढ़ रहे हैं
गोबरैले बढ़ रहे हैं
और हम सब

ग़लीज़ इश्तहारों से लदी
दीवार की तरह निर्लज्ज खड़े हैं।

क्रांति के नाम पर
यदि ये कभी कुचल भी गये
तो कहीं ख़ून नहीं होगा
एक लिजलिजे पीले मवाद-सा
चारों तरफ़ कुछ फैल जायेगा।

[3]

हरे हैं जंगल
हरे हैं घाव
हरे हैं दुख
लेकिन सब काला-काला दीखता है
(इन्हीं गोबरैलों के कारण)

काली हैं आँधियाँ
काला है खून
काले हैं मन
लेकिन सब हरा-हरा दीखता है
(इन्हीं गोबरैलों के कारण)

राग डींग कल्याण

तेरी भैंस को डण्डा कब मारा
मैंने भैंस को डण्डा कब मारा!

तेरी भैंस है प्रज्ञा पारमिता
उसने मेरी खेती खाई थी।

तेरी भैंस है जनता की प्रतिनिधि
उसने मेरी छान गिरायी थी।
तेरी भैंस ने खाया कामसूत्र
तेरी भैंस ने खा डाली गीता
तेरी भैंस से अब क्या शेष रहा
तेरी भैंस से ही यह युग बीता।

तेरी भैंस के संग सब भैंस हुए
तेरी भैंस को होवे पौबारा।
तेरी भैंस को डण्डा कब मारा
मैंने भैंस को डण्डा कब मारा।

तेरी भैंस का होगा अभिनन्दन
तेरी भैंस का मैं करता वन्दन
तेरी भैंस शान्ति की सूत्रधार
तेरी भैंस आत्मा की क्रन्दन
तेरी भैंस के पागुर में भविष्य
तेरी भैंस के पागुर में अतीत
तेरी भैंस के आगे शीश झुका
तेरी भैंस सभी से रही जीत!

तेरी भैंस ही है मेरा जीवन
तेरी भैंस ही है मेरा नारा!
तेरी भैंस को डण्डा कब मारा?
मैंने भैंस को डण्डा कब मारा?

तेरी भैंस के आगे बीन बजी
तेरी भैंस के आगे शहनाई
तेरी भैंस घुस गयी संसद में
सब संविधान चट कर आयी
तेरी भैंस की भैंस में भैंस रहे

तेरी भैंस की भैंस में भैंस बहे
तेरी भैंस करे जो जी चाहे
तेरी भैंस से अब क्या कौन कहे ?

तेरी भैंस मेरे सिर-माथे पर
तेरी भैंस पे यह तन-मन वारा !
तेरी भैंस को डण्डा कब मारा ?
मैंने भैंस को डण्डा कब मारा ?

लोहिया के न रहने पर

लो, और तेज़ हो गया
उनका रोज़गार
जो कहते आ रहे हैं
पैसे लेकर उतार देंगे पार ।

तुम्हारी घनी भौंहों के बीच की
वह गहरी लकीर
अभी भी गड़ी है वहाँ बल्ली-सी
जहाँ अथाह है जल
और तेज़ है धार ।

मैं साधारण···
(इसी शब्द से तो था
तुम्हें इतना प्यार)
कहता हूँ : ओ मेरे देशवासियो
एक चिनगारी और ।

बर्फ़ में पड़ी गीली लकड़ियाँ
अपना तिल-तिल जलाकर

वह गरमाता रहा,
और जब आग पकड़ने ही वाली थी
ख़त्म हो गया उसका दौर
ओ मेरे देशवासियो
एक चिनगारी और।

खाली पेट पर
जो रखकर चिराग़
तैराते जा रहे हैं
अपने ऐश्वर्य के सरोवर में,
बुझती आँखों के जो
बनाकर बन्दनवार
सजाते जा रहे हैं
संसद और विधान सभाओं के द्वार
उनको गया है वह समूल झकझोर
ओ मेरे देशवासियो
एक चिनगारी और।

अब वह नहीं है 'गया'
यही शब्द देगा
फिर अर्थ नया।
तीन आने भी जब नहीं बचेंगे जेब में
आँख पूरी खुलेगी जब
फँसे हुए झूठ में, फरेब में
उन्हीं घनी भौंहों की तब गहरी लकीर
करकेगी जैसे आधा चुभा तीर।
ओ मेरे देशवासियो
छूट न जाये कहीं क्रान्ति की डोर
एक चिनगारी और।

हाँ, वह गहरी लकीर
खेतों में हल के पीछे-पीछे चली गयी है,

झोंपड़ियों को थामे है शहतीर-सी,
हर मोड़ पर मिलेगी इंगित करती,
मज़बूत रस्से की तरह
ऊँचाइयों पर चढ़ाती
गहराइयों में उतारती।

मैं साधारण…
वैसी नहीं दीखती है
मुझे कहीं और
ओ मेरे देशवासियो
उसके नाम पर
एक चिनगारी और।

उसने थूका था इस
सड़ी-गली व्यवस्था पर
उलटकर दिखा दिया था
कालीनों के नीचे छिपा टूटा हुआ फ़र्श,
पहचानता था वह उन्हें
जो रँगे-चुने कूड़े के कनस्तरों से
सभा के बीच खड़े रहते थे।

उसके पास थी एक भाषा
प्यार और सम्मान से जीने के लिए
जिसे वह मन्त्र नहीं बनाता था।
जहाँ सब सिर झुकाते थे
वहाँ भी उसका सिर ऊँचा उठा रहता था,
जिधर राह नहीं होती थी
उधर ही वह पैर बढ़ाता था
फिर बन जाती थी एक पगडण्डी
एक राजमार्ग जिस पर दूसरों के
नामों की तख्तियाँ लग जाती थीं।

निहत्था अकेला वह गुज़र गया
'चौआलीस करोड़' लोगों के
दिल में से नहीं
एक जलती सलाख़-सी
दिमाग़ से।
अपनी खाली जेबों में
पाओगे पड़ा हुआ तुम उसका नाम
इतिहास करे चाहे न करे अपना काम।

सन्तों की दूकानों के आगे
खड़ी रहेगी उसकी मचान
भेड़ों के वेश में निकलते कमीने तेंदुओं पर
तनी रहेगी उसकी दृष्टि।
ओ मेरे देशवासियो
बनना हो जिसे बने नये युग का सिरमौर…
अभी तो उसके नाम पर
एक चिनगारी और।

एक चिनगारी और–
जो ख़ाक कर दे
दुर्नीत को, ढोंगी व्यवस्था को,
कायर गति को
मूढ़ मति को,
जो मिटा दे दैन्य, शोक, व्याधि,
ओ मेरे देशवासियो
यही है उसकी समाधि।

मैं साधारण…
मुझे नहीं दीखती कोई राह और
जिधर वह गया है
उधर उसके नाम पर
एक चिनगारी और।

कवि मुक्तिबोध के निधन पर

तुम्हारी मृत्यु में
प्रतिबिम्बित है हम सबकी मृत्यु–
कवि कहीं अकेला मरता है !

सूरज के साथ-साथ एक बहुत बड़ा संसार
डूब जाता है
फिर एक नये दिन को जन्म देने के लिए।

पथराती पुतलियों में
लड़खड़ाता अँधेरा
एक नये लोक का द्वार खोलता है
और उठने की शक्ति खोने से पहले
हर हाथ भविष्य को आगे ढकेल जाता है।
तुम्हारे हाथों से जुड़े हैं असंख्य हाथ
वे निष्प्राण कैसे हो सकते हैं !

बनी-बनायी लीकों पर न चलनेवाले की
यात्रा का अन्त
पूर्ण विराम में कहाँ होता है !
जाते-जाते भी उसकी साँस
किसी एकान्त डाल को हिलाकर उसमें
फूल खिला जाती है
और कहीं दुर्गम भूमि पर
एक पगडण्डी बन जाती है
जहाँ हम उसकी आत्मा को खोजते हैं।
तुम थे–
हम सबके अधिक तेजस रूप
अधिक प्रखर आकृति,

तुम्हारा टूटना
हम सबके आकारों का टूटना है।

नहीं···नहीं
जीवित हैं हम सब अभी भी,
और हम सबमें जीवित हो तुम।
ये लहरें जाने कहाँ से आती हैं
जो हमारी पसलियों पर
अपने को तोड़ती चली जाती हैं,
हमें निरन्तर गढ़ती जाती हैं
तुम्हारे अनुरूप
एक ऐसी मृत्यु में
जो जीवन से दिव्य है।

लीक पर वे चलें

लीक पर वे चलें जिनके
चरण दुर्बल और हारे हैं,
हमें तो जो हमारी यात्रा से बने
ऐसे अनिर्मित पन्थ प्यारे हैं।

साक्षी हों राह रोके खड़े
पीले बाँस के झुरमुट,
कि उनमें गा रही है जो हवा
उसी से लिपटे हुए सपने हमारे हैं।

शेष जो भी हैं—
वक्ष खोले डोलती अमराइयाँ;
गर्व से आकाश थामे खड़े

ताड़ के ये पेड़,
हिलती क्षितिज की झालरें;
झूमती हर डाल पर बैठी
फलों से मारती
खिलखिलाती शोख़ अल्हड़ हवा;
गायक-मण्डली-से थिरकते आते गगन में मेघ,
वाद्य-यन्त्रों-से पड़े टीले,
नदी बनने की प्रतीक्षा में, कहीं नीचे
शुष्क नाले में नाचता एक अँजुरी जल;
सभी, बन रहा है कहीं जो विश्वास
जो संकल्प हममें
बस उसी के ही सहारे हैं।

लीक पर वे चलें जिनके
चरण दुर्बल और हारे हैं,
हमें तो जो हमारी यात्रा से बने
ऐसे अनिर्मित पन्थ प्यारे हैं।

भेड़िया-1

भेड़िए की आँखें सुर्ख़ हैं।

उसे तब तक घूरो
जब तक तुम्हारी आँखें
सुर्ख़ न हो जायें।

और तुम कर भी क्या सकते हो
जब वह तुम्हारे सामने हो ?

यदि तुम मुँह छिपा भागोगे
तो भी तुम उसे

अपने भीतर इसी तरह खड़ा पाओगे
यदि बच रहे !

भेड़िए की आँखें सुर्ख़ हैं ।
और तुम्हारी आँखें ?

भेड़िया-2

भेड़िया गुर्राता है
तुम मशाल जलाओ ।
उसमें और तुममें
यही बुनियादी फ़र्क है
भेड़िया मशाल नहीं जला सकता ।

अब तुम मशाल उठा
भेड़िए के करीब जाओ
भेड़िया भागेगा ।

करोड़ों हाथों में मशाल लेकर
एक-एक झाड़ी की ओर बढ़ो
सब भेड़िए भागेंगे ।

फिर उन्हें जंगल के बाहर निकाल
बर्फ़ में छोड़ दो
भूखे भेड़िए आपस में गुर्रायेंगे
एक-दूसरे को चीथ खायेंगे ।

भेड़िए मर चुके होंगे
और तुम ?

भेड़िया-3

भेड़िए फिर आयेंगे।

अचानक
तुममें से ही कोई एक दिन
भेड़िया बन जायेगा
उसका वंश बढ़ने लगेगा।

भेड़िए का आना ज़रूरी है
तुम्हें खुद को पहचानने के लिए
निर्भय होने का सुख जानने के लिए
मशाल उठाना सीखने के लिए।

इतिहास के जंगल में
हर बार भेड़िया माँद से निकाला जायेगा।
आदमी साहस से, एक होकर,
मशाल लिये खड़ा होगा।

इतिहास ज़िंदा रहेगा
और तुम भी
और भेड़िया ?

जंगल का दर्द

एक ने मुझसे पूछा :
'जंगल क्या होता है ?'
दूसरे ने कहा–'और दर्द ?'

मैं ख़ामोश रहा।

मैंने एक बड़े पिंजड़े में
दोनों को बन्द कर दिया
और ऊपर एक काली
झीनी चादर डाल दी।

कुछ दिनों बाद वे मुझे
जंगली जानवरों की तरह देखने लगे–
पहले उनकी आँखें हरी हुईं
अहिंसक पशुओं जैसी
फिर सुर्ख, हिंसक पशुओं में बदल गयीं,
खूँखार–

वे भूखे थे।
मैंने टुकड़ा फेंका।
वे आहार छोड़
आपस में गुँथ गये,
लहूलुहान हो गये।

ताकतवर ने सब खा लिया
कमज़ोर ने उच्छिष्ट से
सन्तोष कर, दर्द से मुँह छिपा लिया।

यह क्रम बहुत दिनों तक
मैंने बना रहने दिया–
भूखा रखना, टुकड़ा फेंकना,
ताकतवर में दर्प जगाना
और कमज़ोर में सन्तोष।

और जब वे
इसके इतने आदी हो गये
कि कुछ और सोच पाना
उनके लिए असम्भव हो गया
तब मैंने उन्हें
पिंजड़े से निकाल दिया।

अब वे खुले में खड़े थे
खड़े हैं
खड़े रहेंगे
टुकड़े फेंके जाने की प्रतीक्षा में
लड़ने को तैयार
दर्प और सन्तोष के
शिकार।

काला तेंदुआ-1

चट्टानों पर सो रहा है काला तेंदुआ
चट्टानों का रंग काला है।

चट्टानों पर अँगड़ाई ले रहा है
काला तेंदुआ
चट्टानों का रंग बदल रहा है।

चट्टानों पर दौड़ रहा है
काला तेंदुआ
चट्टानों का रंग बदल गया है।

चट्टानों पर झिंझोड़ रहा है अपना शिकार
काला तेंदुआ
चट्टानें, चट्टानें नहीं रहीं
तेंदुओं में बदल गयी हैं।

एक तेंदुआ
सारे जंगल को
काले तेंदुए में बदल रहा है।

काला तेंदुआ-2

साँझ के झुटपुटे में
अपने शिकार को ठिकाने लगा
सुर्ख़ पथरीली नदी में
पानी पीता है
काला तेंदुआ।

यह नदी
उसका अतीत है
उसका वर्त्तमान है
उसका भविष्य है।

युगों से
इसी नदी के सहारे
काले जंगल की धड़कन में
बदल जाता है काला तेंदुआ।

नक्शा

एक बच्चा नक्शा बनाता है
तुम जानते हो वह कहाँ जाता है?

एक बच्चा नक्शे में रंग भरता है
तुम जानते हो वह कहाँ गया?

एक बच्चा नक्शा फाड़ देता है
तुम जानते हो वह कहाँ पहुँचा?

यदि तुम जानते होते
तो चुप नहीं बैठते
इस तरह।

चुपचाप

एक खड़खड़ाहट है पत्तों में–
कोई चल रहा है :
हो सकता है वह गिरगिट हो
या कोई परिन्दा
या हवा ही !

सुनो, चुपचाप, साँस रोककर,
कहीं तुम्हारी कोई आवाज़
उसे बेसुरा न बना दे !

बिखरे पीले पत्तों पर पग-चाप
निरुद्देश्य एकान्त की भी
इस जंगल के दर्द को
हल्का कर देती है ।

अपना यह उठा ठिठका पैर
सूखे पत्तों पर रखने के पूर्व
यह जो तुम सुन रहे हो,
वही है जो तुम्हारी यात्रा को बड़ा करता है ।

पेड़ों को और ऊँचा होने दो,
रोशनी को और झीना,
तुम अपने को पा लोगे
सूनेपन के संगीत में गुँथे उस स्वर की तरह
जिसके दोनों ओर मौन है,
जो उसे धड़कता छोड़ देता है–
जैसे बहुत ऊँचाई से अटकता हुआ कुछ गिर रहा हो
या तेज़ी से ऊपर अभेद्य को चीरता चला जा रहा हो ।

यह कुछ नहीं है सिवा इस अहसास के
कि एक हमारी धड़कन

जो इस जंगल की धड़कन में
इस क़दर लय हो गयी है
कि उसे अलग से सुनना बेसुरा होना है।

इससे बेहतर है
कि कहीं धरती फोड़कर रिसते पानी से
भीगे सूखे पत्तों पर,
जिनकी कराह मर गयी हो,
हम एक जूते से पड़े रह जाये
जिसमें खामोशी अपने पैर डाले
एक उम्र-भर के लिए खड़ी हो।

यदि ईश्वर है
तो वह संगीत रचेगा ही
भले ही वह मेढक की तरह
इन सूखे पत्तों पर
दूर तक उछलता चला जाये।

आत्म-साक्षात्कार

फिर बहुत दिन बाद–
सामने की रेंड़ चटकी,
हिला सरपत का भुआ,
डुगडुगी नीलाम-घर की
चुप हुई,
सिर उठाकर किसी मँगते ने
मुझे दी दुआ।
आ गयी मुझको स्वयं की याद,
फिर, बहुत दिन बाद।

छोड़कर अपना कृत्रिम यह साथ,
मुड़ चला मैं स्वयं से मिलने;
घने कुहरे से ढँकी
वीरान वादी में
दबे पैरों आ गया मैं,
रुँधे बाड़े तोड़कर
शक्ति-भर मैंने पुकारा :
कोटरो में फड़फड़ाये पंख,
अँधेरी छाया लगी हिलने,
लड़खड़ाने लगी मेरी साँस,
सिर झुका, सन्ध्या लगी फिरने,
'मैं नहीं हूँ शेष'—
अरअरा कर चेतना की डाल टूटी,
'नहीं, अब नहीं मैं रहा'—
चीख कर मुख ढाँप छायाएँ गिरीं।
तभी चरमराये द्वार—
अन्धगृह-वासी,
मौन संन्यासी,
बढ़ा बाँहें खोल,
शून्य टटोल-टटोल,
काँपते स्वर में लगा कहने—
रुका जल जैसे लगा बहने :

'आ गये तुम :
कभी आओगे
बस इसी विश्वास पर
डाल से था टँका पीला पात।
सुनो, अब जिया जाता नहीं,
नित्य के इस स्वाँग से
मैं थक गया हूँ,
हो सके तो बस करो;

साँस मेरी घुट रही है
कहो तो चेहरे लगाना छोड़ दूँ,
अभी कब तक चलेगा अभिनय तुम्हारा?
क्या हमारी लाश को भी
नाटकी पोशाक पहनाकर नचाओगे?
बुरा मत मानो—
मैं नहीं कहता कि जीवन मत जियो,
सभी जीते हैं,
तुम्हें भी पड़ेगा जीना
जानता हूँ,
किन्तु कुछ ऐसा करो,
पैर रखने की जगह तो हो,
एक अंगुल भूमि भी ऐसी मिले
जहाँ मैं जो हूँ
वही बनकर खड़ा रह सकूँ,
सिर उठाऊँ,
एक क्षण को ही सही—
सत्य जो समझूँ
उसे देखूँ, सुनूँ, कह सकूँ।

'बात क्या मैंने बड़ी कह दी?
आज इतना भी असम्भव है?
दूसरों की दृष्टि से ही
तुम्हें खुद को देखना
इतना ज़रूरी है?

मैं नहीं कुछ रहा?
इसलिए मैं पूछता हूँ यह
कि शायद ज्ञात तुमको
यह न हो—
मैं आज अन्धा हूँ—
क्योंकि तुम,

सदा अनदेखी कराते रहे;
मैं आज बहरा हूँ–

क्योंकि तुम
अनसुनी करता हूँ इसके लिए
मजबूर करते रहे;
और अब–
पैरों तले का साँप तक
मुझको दिखायी नहीं देता,
मरण-शय्या की पुकारें,
अनाथों की चीख,
लावारिस कराहें
कुछ सुनाई नहीं देतीं।
अब यहाँ रहना न रहने की तरह है।
इधर देखो
डाल का यह टँका पीला पात
हवा लगकर
खड़खड़ाता है–
मैं तो मनुज हूँ।
क्षमा कर देना मुझे,
मैं नहीं यह लहू मेरा बोलता है,
क्योंकि तुम
होंठ मेरे सिल चुके हो,
और अन्त:करण की आवाज तक
गिरवी रख आये हो।
क्या करूँ?
ठठरियों में साँस है जब तक–
कहीं से आवाज़ आयेगी,
तुम न जागो, तुम्हारी मर्ज़ी,
किन्तु यह तुमको जगायेगी;
और जिस दिन

इसे बेचोगे,
मैं नहीं हूँगा–
और तुम भी रहोगे ? शायद !'

इसे सुनकर
झुकाकर सिर
मैं चला आया,
दीप जैसे
स्वयं अपनी ही समाधि
पर जला आया;
लगा, चिल्लाऊँ
ज़ोर से शक्ति-भर
इसी बुझी वीरान वादी में–
"सभ्य हूँ मैं :
ज़माना जैसा बनायेगा बनूँगा,
...कहाँ जाऊँ ?"

पर न जाने क्यों
बोल मैं पाया नहीं,
गला मेरा रुँध गया :
छा गया बेहद घना अवसाद–
फिर बहुत दिन बाद।

तीमारदारी

बहुत सँकरी सुरंग से होकर
गुज़र जाती है सुबह और शाम
रोज़-रोज़ का कमाया धीरज
सोख लेता है आसमान।

उम्र के सिरहाने पड़ी कुर्सी पर
बैठा रहता है अदृश्य,
अर्थ बड़ा है सामर्थ्य से—
कगार पर पेड़ का खड़ा रहना ही बहुत है।

डालियों पर विश्राम करते पक्षी
और काटती लहरों के बीच एक रिश्ता है
जो पेड़ के गिरने
और पक्षियों के उड़ जाने पर भी टूटता नहीं।

हर अंत से जुड़ जाती है
एक नयी शुरुआत।

सूने लंबे गलियारे में
आते-जाते दुख की
भारी पग-चाप
सुनती रहती हैं तीमारदार स्मृतियाँ
और देखती रहती हैं
सामने एक भूरा जंगल
जहाँ हवा शोकवस्त्र पहने घूम रही है।

निराशा की ऊँची काली दीवार में भी
बहुत छोटे रोशनदान-सी
जड़ी रहती है कोई न कोई आकांक्षा
जिसमें उजाला फँसा रहता है
और कबूतर पंख फड़फड़ाकर निकल जाते हैं।
कोई सुख बड़ा नहीं होता।
कोई दुख छोटा नहीं होता।

कमरे में बसे
ताप की बाँह थाम
चपचाप

बर्फ़ से उठती है भाप—
काँपते पैरों पर
वर्त्तमान का कंधा पकड़
खड़ा हो जाता है बीमार भविष्य
और नये सिरे से चलना सीखता है।
लड़खड़ाना अक्सर गिरना नहीं
सँभलना भी होता है।

व्यथा की मार से
शब्दों के छिन जाने पर भी
ख़ामोशी बोलती है,
थर्मामीटर में क़ैद पारा भी
दूसरों के लिए चढ़ता-उतरता है,
कौन जानता है
कौन-सा स्पर्श जादू कर जाये।

प्यार की शक्ति
इतिहास की शक्ति नहीं है।

किन्हीं दो क्षणों के
दो छोटे पत्थरों पर टिक जाती है
एक विशाल मेहराब
और सदियों तक टिकी रह जाती है,
लेकिन गहरी नींव पर
बनी दीवार अक्सर हिल जाती है।

भूकंप नापने के यंत्र
पीठ पर लादे खंडहरों में
घूमता रह जाता है विवेक
जब कि दिल की गहराइयों में
बेबुनियाद चीज़ों की एक बस्ती

खड़ी हो जाती है,
ईश्वर और आदमी की
तीमारदारी के लिए।

सब कुछ कह लेने के बाद

सब कुछ कह लेने के बाद
कुछ ऐसा है जो रह जाता है,
तुम उसको मत वाणी देना।

वह छाया है मेरे पावन विश्वासों की,
वह पूँजी है मेरे गूँगे अभ्यासों की,
वह सारी रचना का क्रम है,
वह जीवन का संचित श्रम है,
बस उतना ही मैं हूँ,
बस उतना ही मेरा आश्रय है,
तुम उसको मत वाणी देना।

वह पीड़ा है जो हमको, तुमको, सबको अपनाती है,
सच्चाई है—अनजानों का भी हाथ पकड़ चलना सिखलाती है,
वह यति है—हर गति को नया जन्म देती है,
आस्था है—रेती में भी नौका खेती है,
वह टूटे मन का सामर्थ है,
वह भटकी आत्मा का अर्थ है,
तुम उसको मत वाणी देना।

वह मुझसे या मेरे युग से भी ऊपर है,
वह भावी मानव की थाती है, भू पर है,
बर्बरता में भी देवत्व की कड़ी है वह,
इसीलिए ध्वंस और नाश से बड़ी है वह,

अन्तराल है वह—नया सूर्य उगा लेती है,
नये लोक, नयी सृष्टि, नये स्वप्न देती है,
वह मेरी कृति है
पर मैं उसकी अनुकृति हूँ,
तुम उसको मत वाणी देना।

तुम्हारे लिए

काँच की बन्द खिड़कियों के पीछे
तुम बैठी हो घुटनों में मुँह छिपाये।
क्या हुआ यदि हमारे-तुम्हारे बीच
एक भी शब्द नहीं।

मुझे जो कहना है कह जाऊँगा
यहाँ इसी तरह अदेखा खड़ा हुआ,
मेरा होना मात्र एक गन्ध की तरह
तुम्हारे भीतर-बाहर भर जायेगा।

क्योंकि तुम जब घुटनों से सिर उठाओगी
तब बाहर मेरी आकृति नहीं
यह धुँधलाती शाम
और काँच पर जमी एक हल्की-सी भाप
देख सकोगी
जिसे इस अँधेरे में
तुम्हारे लिए पिघलकर
मैं छोड़ गया होऊँगा।

प्यार

एक सफ़ेद चिड़िया
आती है और चली जाती है
बिना छोड़े कोई भी चिह्न संगीत का।

क्षण भर को
इस गहरे अन्धकार में
पड़ जाती है दरार
जो देखते ही देखते मिट जाती है।
पर मेरी आत्मा में
फिर-फिर वही प्रतीक्षा कौंध जाती है।

एक सफ़ेद चिड़िया
आती है और चली जाती है।

तुम्हारा मौन

तुम्हारे
पतले होंठों के नीचे
एक तिल है
गोया ईश्वर की ओर से
एक कील जड़ी हुई,
जो तुम्हारे
हर मौन को
अलौकिक बनाता है।

तुमसे

लौट आया मैं बिना कुछ कहे।
शब्द पड़ने लगे छोटे
दर्द बढ़ने लगा
कहे भी थे जो कभी सब हो गये अनकहे।

रास्ता बढ़ता रहा
घर दूर होता रहा
साथ चलकर भी कहीं हम अजनबी से रहे।

फैलता मैं गया जितना
तुम सिमटते गये उतना
दर्द तुमने कहीं ज्यादा हाय, मुझसे सहे।

लौट आया मैं बिना कुछ कहे।

सूखा

हाँ, वह पगडण्डी
अब रसातल में चली गयी है।
अभ्यासवश ही मैं यहाँ खड़ा हूँ
दौड़कर पार भी कर जाना चाहता हूँ
चीथड़ों-सी पड़ी इस धरती को
जिसकी दरारों में
आकाश तक के पैर फँस गये हैं,
और सूरज सारी हरियाली
के साथ लुढ़क गया है।

अभ्यासवश ही मैं यहाँ हूँ
जलहीन कूपों की आँखों में झाँकता,
जलती धरती के माथे पर
ठंडे हाथ रखता।
(शायद कोई अंकुर उगे!)

अभ्यासवश ही देखता हूँ, सुनता हूँ,
बोलता हूँ, चुप रहता हूँ,
ख़ाली ज़मीन को घेरता हूँ
और बाड़े बनाने के लिए
काँटे उठा-उठाकर लाता हूँ।
'तुम एक भयानक सूखे से घिर गये हो'—
लोग मुझसे कहते हैं।
(शायद यह हमदर्दी है!)

कोई कुछ देने आया है दे जाये,
लूट लेने आया है ले जाये।

मुझे सभी एक जैसे लगते हैं।
किसी का होना न होना
कोई मतलब नहीं रखता।

सूखा—
हाँ, अब मुझमें कुछ उगेगा नहीं
अब कहीं कोई प्रतीक्षा नहीं होगी,
एक खाली पेट की तरह
मेरी आत्मा पिचक गयी है
और ईश्वर मरे हुए डाँगर-सा गँधा रहा है।

फिर भी अभ्यासवश मैं यहाँ खड़ा हूँ
पूजागृहों की दीवारों से टिका
जलहीन सरोवरों के हाथ बिका,

निष्प्राण होने पर भी इस धरती को पहचानता
कुछ न मिलने पर भी अपना मानता।

वसन्त-राग

पेड़ों के साथ-साथ
हिलता है सिर
यह मौसम अब नहीं
आयेगा फिर।

समर्पण

घास की एक पत्ती के सम्मुख
मैं झुक गया
और मैंने पाया कि
मैं आकाश छू रहा हूँ।

आश्रय

नरम घास पर टूट
गिरी सूखी टहनी
मैंने तुम्हारी गोद में
अपना मुँह छिपा लिया।

रात में वर्षा

मेरी साँसों पर मेघ उतरने लगे हैं,
आकाश पलकों पर झुक आया है,
क्षितिज मेरी भुजाओं में टकराता है,
आज रात वर्षा होगी।
कहाँ हो तुम ?

मैंने शीशे का एक बहुत बड़ा एक्वेरियम
बादलों के ऊपर आकाश में बनाया है,
जिसमें रंग-बिरंगी असंख्य मछलियाँ डाल दी हैं,
सारा सागर भर दिया है।
आज रात वह एक्वेरियम टूटेगा—
बौछारों की एक-एक बूँद के साथ
रंगीन मछलियाँ गिरेंगी।
कहाँ हो तुम ?

मैं तुम्हें बूँदों पर उड़ती
धारों पर चढ़ती-उतरती
झकोरों में दौड़ती, हाँफती,
उन असंख्य रंगीन मछलियों को दिखाना चाहता हूँ
जिन्हें मैंने अपने रोम-रोम की पुलक से आकार दिया है।

जाड़े की धूप

बहुत दिनों बाद मुझे धूप ने बुलाया।

तातें जल नहा पहन श्वेत वसन आयी,
खुले लान बैठ गयी दमकती लुनायी,

सूरज खरगोश धवल गोद उछल आया।
बहुत दिनों बाद मुझे धूप ने बुलाया।

नभ के उद्यान-छत्र तले मेज़ : टीला,
पड़ा हरा फूल कढ़ा मेजपोश पीला,
वृक्ष खुली पुस्तक हर पृष्ठ फड़फड़ाया।
बहुत दिनों बाद मुझे धूप ने बुलाया।

पैरों में मखमल की जूती-सी-क्यारी,
मेघ ऊन का गोला बुनती सुकुमारी,
डोलती सलाई हिलता जल लहराया।
बहुत दिनों बाद मुझे धूप ने बुलाया।

बोली कुछ नहीं, एक कुर्सी की खाली,
हाथ बढ़ा छज्जे की साया सरकाली,
बाँह छुड़ा भागा, गिर बर्फ़ हुई छाया।
बहुत दिनों बाद मुझे धूप ने बुलाया।

चंचल हवाएँ

मुझको जगाती हैं ये चंचल हवाएँ।
डाल-सा हिलाती हैं, गन्ध-सा डुलाती हैं,
लहर-सा उठाकर मुझको दूर छोड़ आती हैं,
कथा-सी घुमाती हैं ये चंचल हवाएँ।

छाती का पहाड़ मेरा क्षण में उड़ाती हैं,
लिपट-लिपट जाती हैं, अंक में जुड़ाती हैं,
बीन-सा बजाती हैं, ये चंचल हवाएँ।

झीने बादलों से मेरी दृष्टि बाँध जाती हैं,
रोम-रोम गाती हैं, तालियाँ बजाती हैं,
अधरों पर सुलाती हैं ये चंचल हवाएँ।

पाल-सा फूलाती हैं, धूल-सा नचाती हैं,
चित्र-सा हिलाती हैं, द्वार-सा झुलाती हैं,
गति भर जाती हैं ये चंचल हवाएँ।

पुस्तक-सा फड़-फड़ उलटती चली जाती हैं,
अनपढ़े नहीं तुम रहे ऐसा जतलाती हैं,
अर्थ ले जाती हैं ये चंचल हवाएँ।

'तुम वह कहाँ रहे' कान में कह जाती हैं,
नये-नये शब्दों में मुझको दोहराती हैं,
कहाँ लिये जाती हैं ये चंचल हवाएँ।
कुछ नहीं बताती हैं ये चंचल हवाएँ।

आये महन्त वसन्त

आये मंहन्त वसन्त।

मखमल के झूल पड़े हाथी-सा टीला,
बैठे किंशुक छत्र लगा बाँध पाग पीला,

चँवर सदृश डोल रहे सरसों के सर अनन्त।
आये महन्त वसन्त।

श्रद्धानत तरुओं की अंजलि से झरे पात,
कोंपल के मुँदे नयन थर-थर-थर पुलकगात,

अगरु धूम लिये झूम रहे सुमन दिग-दिगन्त।
आये महन्त वसन्त।

खड़-खड़ करताल बजा नाच रही विसुध हवा,
डाल-डाल अलि-पिक के गायन का बँधा समाँ,

तरु-तरु की ध्वजा उठी जय-जय का है न अन्त ।
आये महन्त वसन्त ।

हवा वसन्त की

दरवाज़ा मारा भड़,
खिड़कियाँ तड़-तड़,
देखिए आ रही है
हवा वसन्त की ।

पत्तियाँ रहीं झर,
धूल रही भर,
देखिए इठला रही है
हवा वसन्त की ।

धूप गयी सो,
छाँह रही रो,
देखिए गा रही है
हवा वसन्त की ।

देह रही टूट,
थकन रही फूट,
देखिए भा रही है
हवा वसन्त की ।

कुआनो नदी

फिर बाढ़ आ गयी होगी उस नदी में
पास का फुटहिया बाज़ार बह गया होगा,
पेड़ की शाखों में बँधे खटोले पर
बैठे होंगे बच्चे किसी काछी के
और नीचे कीचड़ में खड़े होंगे चौपाये
पूँछ से मक्खियाँ उड़ाते।

मेरी निगाह कुछ कमज़ोर हो गयी है।

दिल्ली की सड़कें दीखती हैं जैसे कुआनो नदी–
नदी जो एक कुएँ से निकली है
जिसे मैं अपने बचपन में
कभी खोज निकालने का उत्साह रखता था।
कुआनो नदी–
सँकरी, नीली, शांत
अभी भी बहती रहती है रात-दिन मेरे सामने
अदेखे को पाने का उत्साह कुरेदती हुई।
बरसात में अपना पाट चौगुना करती
आस-पास के गाँवों को डुबाती
शहर की ऊँची सड़क के
दोनों ओर की नीची ज़मीन को
हरहराते नाले-सा बनाती।
अभी भी मैं एक लंबी शहतीर
अपने घर की दालान से सड़क तक रखकर
वह हरहराता जल पार कर जाता हूँ
जब कि मेरे पिता जाँघ तक धोती उठाये
पानी को हलकोरते आते हैं
कलल-कल, कलल-कल
ज्योंही आने लगती है अँधेरे में आवाज़

मैं लालटेन लेकर बाहर दौड़ता हूँ
शायद यह रोशनी काम आ जाये।

मछलियाँ, जोंक, पनियल साँप
सबके अलग-अलग ढंग हैं पानी में चलने के
मैं आज भी उनका गवाह हूँ
बड़े ध्यान से मैंने देखा है उन्हें।
पीले-पीले मेढकों की छपाक से ही
मैं बता सकता हूँ पानी यहाँ कितना गहरा है
और बरसात ख़त्म होने पर
इसे सूखने में कितने दिन लगेंगे।
बादल झमाझम बरस रहे हैं
या बरस कर निकल गये हैं
या बरसने के लिए घिघिया रहे हैं
कुआनो नदी वैसी ही पसरी रहती है
हर समय मेरी आँखों के सामने।

बहुत ग़रीब ज़िला है वह, बस्ती—
जहाँ मैंने इसे पहली बार देखा था।
मेरे नाना इस नदी में कूद पड़े थे
और निकाल लिये गये थे
ज़िन्दगी से ऊब कर मर नहीं सके।
तट पर न रेत थी न सीपियाँ
सख़्त कँकरीली ज़मीन थी काई लगी,
कहीं-कहीं दलदल था, झाड़ियाँ थीं दूर तक
जिनमें सोते कुलबुलाते रहते थे
और चिड़ियाँ एक टहनी से दूसरी टहनी पर
शोर करती झूलती रहती थीं।

बहुत सँभलकर मैं अब भी जाता हूँ
नरसल की हरी छड़ियाँ काटकर लाता हूँ

उनसे लिखने की कलमें बनाता हूँ
दूसरे उनसे पिपिहरी भी बना लेते हैं
जिसे बड़े शान से बाँसुरी कहते हैं,
उन पिपिहरियों की आवाज़
आज भी सुनायी देती है मुझे
दिल्ली की इन सड़कों पर।

यह नदी मुर्दघाट के लिए मशहूर है।
कुआनो जाने का मतलब
किसी को फूँकने जाना है।
मेरे पिता को हर शव-यात्रा में जाने का शौक़ था।
अक्सर वह आधी-आधी रात लौटते
और लकड़ियाँ गीली होने की शिकायत करते।
माँ से कहते—'कुछ लोग अभागे होते हैं
उनकी चिता ठीक से नहीं जलती'
और हर अभागे की यही आख़िरी कहानी
मैं आज भी सुनता हूँ।

इस नदी के किनारे
कोई मेला नहीं लगता।
न ही पूर्णिमा-स्नान होते हैं।
एक मंदिर है
जो बहुत कम खुलता है
जिसकी सीढ़ियाँ
अहदियों के बैठने के काम आती हैं।
मैं अक्सर वहाँ बैठा रहता हूँ
और दालान के कोने में
टूटा, जाला लगा चमड़े का
एक बहुत पुराना बड़ा ढोल टँगा
देखता रहता हूँ जो अब बजता नहीं
और तेज़ हवा में

खड़खड़ाते विशाल झीने पीपल के पेड़ से
दैवी स्पर्श की तरह
किसी जालीदार पीले पत्ते के अपने ऊपर
गिरने की प्रतीक्षा करता रहता हूँ।
पुल पर—
दही के मटके लिये एक-एक कर अहीरों को
जाते देखता हूँ
वे सब शहर में दही बेचकर गाँव लौटते होते हैं
कभी-कभी किसी के सिर पर लकड़ियों
के बोझ भी होते हैं
या गठरियाँ, ख़रीदे-सौदे-सुलुफ़ की
उनकी परछाइयाँ शांत हरे जल पर अच्छी लगती हैं।

तट से लगा हुआ एक बाँध है
जिस पर ऊँचे-ऊँचे छायेदार दरख़्त हैं।
जिनके नीचे से सड़क जाती है
कई तीखे घुमाव लेती,
सड़क पर अधिकतर बैलगाड़ियाँ चलती हैं
कभी-कभी कोई एक्का भी
परदा बाँधे, औरतों-बच्चों को बैठाए डगमगाता,
और फिर एक सायकिल धूल से भरी हुई,
भेड़-बकरियों के गल्ले,
नये ख़रीदे रँगे सींगों वाले बैल घंटियाँ बजाते
जिनकी आवाज़ धीरे-धीरे दूर होती जाती है।
पीला-पीला सूरज आसमान में डूबता है—
और तभी एक तेज़ नारी-कंठ सुनायी देता है—
'लाली हो लाली'
और सड़क पर, पुल पर, पेड़ों पर अँधेरा छा जाता है।
मेरी निगाह कुछ कमज़ोर हो गयी है।

इस नदी का
इस शहर से कोई संबंध नहीं है।

फिर भी नदी शहर की है।
इसको कोई पियरी नहीं चढ़ाता
न आदमी रामनामी डाले
सुबह तड़के भागते दिखायी देते हैं,
न अधेड़ औरतें ठाकुर जी का
सिंहासन लिये बतियाती जाती हैं।
दूधवाले पानी मिलाने
या प्राइमरी स्कूल के शिक्षक निवृत्त होने
अवश्य यहाँ रुकते हैं
और बंदर शाखों से उतर कर
इसके किनारे बैठे रहते हैं।

धूप में शहर की गंदगी
यहाँ साफ़ होती है
धोबी कपड़े धोते हैं,
आवारा औरतें सिगरेट पीती
गुनगुनाती-लिपटती
अपने ग्राहकों के साथ घूमती हैं।
रात में अक्सर क़त्ल होते हैं
लाशें कई-कई दिनों की पायी जाती हैं।
किसी स्त्री का फेंका हुआ
नया जन्मा बच्चा
कभी जिन्दा कभी मरा मिल जाता है।
शाम होते ही पुलिस
भारी टार्चों से रोशनी फेंकती
पुल पर गश्त लगाती है
और सियार हुआँ-हुआँ करते हैं।
चमगादड़ों के उड़ने से
शाखें खड़खड़ाती हैं
और किसी अकेली चिता की
आख़िरी लपटें, बड़े-बड़े दहकते

अंगारों की आँखों से देखती हैं,
ऊपर आसमान में तारे होते हैं
नीचे नदी चुपचाप बहती जाती है।

यह नदी कगारे नहीं काटती
अपना पाट नहीं बदलती
जैसे बहती थी वैसे बहती है।
आज भी इसके किनारों के गाँवों में
सिंघाड़ों के तालों में
बड़े-बड़े मटके औंधाए
मैं खटिकों को नंग-धड़ंग पानी में घुसे
सिंघाड़े तोड़ते देखता हूँ।
और खटकिनों को तार-तार कपड़ों में
अपना पुष्ट युवा शरीर लिये
घर-घर हँसी और सिंघाड़े बेचते हुए,
लोहारों की धौकनी के सामने
घोड़े-सा मुँह लटकाए
खुरपी, कुदाल और नाल बनाते हुए,
बढ़इयों को ऐनक का शीशा
सूत से कान में बाँधे
बँसखट के पाये गढ़ते हुए,
और किसी बूढ़े फेरीवाले को
बिसातखाने का सामान गले में लटकाये
हर घर के सामने कमर झुकाये
झिक-झिक करते हुए।

बरसात का पानी
आज भी गाँवों में भरता है
बिना जगत के कुओं के भीतर चला जाता है।
आदमी और चौपाए
खरवा से घायल पैर की उँगलियाँ

और खुर लिये लँगड़ाते चलते हैं,
सुअर लौटते हैं,
पानी में बैठी औरतें खाना पकाती हैं
उनके चूल्हों में टीन की चादरें लगी होती हैं
नीचे पानी रहता है
ऊपर लकड़ियाँ धुआँ उगलती हैं
कभी-कभी लपट भी
जिससे अदहन खौल जाता है,
एक ओर कुत्ते हाँफते बैठे रहते हैं
और दूसरी ओर उनके बच्चे,
जिनकी आँखें अँधेरे में जलती
मिट्टी के तेल की ढिबरियों-सी दिखायी देती हैं।
ढिबरियाँ—जो शाम को केवल घंटे-भर के लिए जलती हैं
फिर रात-भर अँधेरा छाया रहता है,
यह अँधेरा हर दूसरे महीने
भरों के घरों में आग लगने पर टूटता है
फूस के घर जलकर राख हो जाते हैं।
भर—जो मजूरी पूरी न पड़ने पर चोरी करते हैं
और एक-दूसरे को दुश्मन मान
उनका घर जलाते रहते हैं
उनकी औरतें रात-दिन आपस में
झगड़ती हैं, गालियाँ देती हैं
अघुआती हैं, बेसुरी आवाज़ में रोती हैं
और बच्चे नाक बहाते नंगे इधर-उधर
हर खुले दरवाज़े की ताक में घूमते हैं।
और इन सबके बीच
कुआनो निर्लिप्त भाव से बहती रहती है
अपना पाट नहीं बदलती।

इस नदी ने मुझे अंधा कर दिया है
मुझे कुछ दिखायी नहीं देता

अपनी ही आकृति क्रूर-कठोर लगती है।
एक बंजर भूमि में
बढ़े हुए नाखून लिये मैं खड़ा हूँ
जैसे उनसे ही नयी फ़सलें उगा लूँग।।
जैसे उन्हीं के सहारे
नहरें खींचता
मैं उन खेतों में ले जाऊँगा
जहाँ काँसे की चूड़ियाँ खनकाती
औरतें मुँह अँधेरे दौरियाँ चलाती हैं
निराई और बोआई के गीत गाती हैं
और कटी हुई फ़सलों के बीच
पीली धोती अनवासे
एक साँवली लड़की दौड़ती हुई दिखायी देती है।

नाखून दिन पर दिन बढ़ते जा रहे हैं
और ज़मीन उसी अनुपात से बंजर होती जा रही है
और नदी हर दिल में उसी रफ्तार से शांत
हर विवशता का उपहास-सा करती।
अभी एक डाँगर बहता हुआ निकल गया
अभी एक आदमी बहता हुआ चला जायेगा
जिसकी लाश पर कौए बैठे होंगे
जिन्हें मैं अक्सर दिल्ली की इन सड़कों पर
उड़ता हुआ देखता हूँ
शायद ये हंस हों!
मेरी निगाह कुछ कमजोर हो गयी है।
कुआनो नदी
सँकरी, नीली, शांत
जाने कब होगी
अक्षितिज, लाल, उद्दाम।
बहुत ग़रीब है यह धरती
जहाँ यह बहती है।

कुआनो नदी के पार

अभी भी उस लग्गी की चुभन
मैं अपनी पसलियों पर महसूस करता हूँ
और एक सूखे चीमड़ कंकाल का
रूखा झुर्रियोंवाला हाथ
मेरे गालों से छू जाता है।
मैं कड़कती सर्दी में
पुल से न होकर नाव से
वह उथली नदी अक्सर पार करता हूँ
दिल्ली की इन सड़कों पर।

उसकी सूजी हुई छोटी आँखें पीली पड़ गयी हैं
और वह मुझे एक लाश की तरह देखता है
(जिन्दा आदमियों को भी इस तरह देखने की
उसकी आदत है)
लग्गी पर ज़ोर लगा जब वह उथले पानी में
नाव ठेलता है तब उसकी एक-एक नस फूल
उठती है
जिसे यदि मेरे पास समय होता
मैं आसानी से गिन सकता था
लेकिन मैं हर गँदले पानी में
किसी मछली को देखना पसंद करता हूँ।

मैं चाहता हूँ नदी का पाट चौड़ा होता
मेरी यात्रा कुछ बड़ी हो सकती
लेकिन तट के कीचड़ में नाव
धीरे-धीरे जाकर फँस जाती है।
फिर एक बदबू-सी उठती है

और वह नमक और तेल लगी अपनी
रोटी चुपचाप खाने लगता है।

'मौन रहो और प्रतीक्षा करो
मौन रहो और प्रतीक्षा करो।'
यह मंत्र दोहराता-दोहराता
मैं नाव से उतरता हूँ
और बिना उसकी ओर देखे
तेज़ी से इन इमारतों की बगल से गुज़र जाता हूँ
जिन पर 'सत्यमेव जयते' को खरोंच कर
लिखा हुआ है : 'सब चलता है'
दिल्ली की इन सड़कों पर।
धरती को फोड़कर
ईश्वर के हाथ की तरह
वृक्ष खड़े हैं मुँह लटकाये भावहीन
जिनके नीचे उस आदमी की लाश पड़ी है
जो कल सड़क पर ठंड से मर गया।
इनकी एक कतार भी हो सकती है
लेकिन मेरी आँखें कमजोर हो गयी हैं।
मैं यह मानना नहीं चाहता
कि नदी के पार कुछ नहीं है सिवा लाशों के।

मैं भागता हूँ और देखता हूँ :
यह खेतिहर मज़दूर भूख से मर गया,
यह चौपाये के साथ बाढ़ में बह गया,
यह सरकारी बाग़ की रखवाली करता था
लू में टपक गया,
यह एक छोटे से रोज़गार के सहारे
ज़िन्दगी काट ले जाना चाहता था
पर जाने क्यों रेल से कट गया।

मैं गुमटी पर रुक जाता हूँ
रेलगाड़ियाँ तेज़ी से निकल जाती हैं
सामने एक छोटी-सी बस्ती है
या छोटा-सा जंगल
बात एक ही है—

दलदल के खड़े पेड़ जड़ से सड़ने लग गये हैं
पत्तियाँ काली पड़ रही हैं
कुछ दिनों और हवा की छेड़छाड़
परिन्दों की उछल-कूद
छाल की काई पर मकोड़ों का रेंगना
फिर अंतिम क्षण तक
दूसरों की डालियों से
अपनी डालियाँ उलझाकर
खड़े रहने की कोशिश
बस यही है यहाँ सबका आखिरी बयान
चाहे पेड़ हो या आदमी।
ओ ढलते सूरज इसे दर्ज़ कर लो !

क्या आधी ज़िन्दगी
मैंने यहीं पहुँचने के लिए सिर्फ़ की ?
मैं सोचता हूँ और भागता हूँ
मैं भागता हूँ और सोचता हूँ :

—यह बच्चा है इसका कटा हुआ धड़
बस्ता लिये स्कूल के फाटक पर पड़ा है
इसके हाथ में पत्थर है
जिसे वह पुलिस पर फेंक रहा था,
यह बूढ़ा अपनी सूखती फ़सल के लिए
रात में बरहा काट रहा था,

यह जवान जब कुछ नहीं बना
छर्रों की बन्दूक लिये हवेलियाँ लूटने की
सोच रहा था।

यह पागल था
पुलिस की हिरासत में
निज़ाम उलटने के गीत गा रहा था,
यह एक किराये के जुलूस का
तमाशा देखते-देखते
अपनी ज़रूरतों पर सोचने लगा था
गोली चलने पर भागना भूल गया,
यह हरिजन था इसे जिन्दा जला दिया गया
यह अनपढ़ ग़रीब था
इसे देवी की बलि चढ़ा दिया गया,
यह आस्थावान धर्मगुरुओं की कोठरी में मरा,
यह अनजानी ऊँचाइयाँ छूना चाहता था
छत की कड़ी से झूल गया–
मैं देखता हूँ और भागता हूँ
मैं भागता हूँ और देखता हूँ
मैं यह मानना नहीं चाहता
कि नदी के पार कुछ नहीं है
सिवा लाशों के।

मैं अधजले मकानों के पास रुक जाता हूँ
नारे लगाते जुलूस तेज़ी से निकल जाते हैं,
शब्द दम तोड़ती मछलियों की तरह
उलट कर अर्थहीन हो जाते हैं
उनमें और पथराई पुतलियों में
कोई अन्तर नहीं दीखता।

–बम बनाते समय ज़रा-सी चूक से
इसके हाथ-पैर उड़ गये,

बिना कुछ सोचे-समझे
एक लाल किताब हाथ में लिये
ये मौत के साथ जुड़ गये,
उसने सोच-समझकर हड़ताल की
अकेला छूट गया,
विक्षोभ, अपमान और ग़रीबी से
असहाय टूट गया।
क्या कोई यहाँ जिन्दा है ?

मैं न घृणा करता हूँ
न प्यार
केवल समझना चाहता हूँ
धूप में झिलमिलाती पत्ती की चिकनई को
या बर्फ़ में पड़े फूल के रंग को।
जब चढ़ जाती है लतर
झाँझर टट्टर पर,
गिरगिट खड़खड़ाता रेंगता है
सूखी डालियों में
इन रगों में खून दौड़ता क्यों नहीं ?
और इन हज़ारों आँखों की चमक से
कल्ले क्यों नहीं फूटते ?
क्यारियों की नम भुरभुरी मिट्टी में पड़ी
ठंडी खुरपी-सी ज़िन्दगी को
प्रतीक्षा है जिन हाथों की
वे कहीं गोदामघरों के दरवाज़ों पर
काट कर लगा तो नहीं दिये गए ?
मैं समझना चाहता हूँ
ठीक वैसा ही अँधेरा
यहाँ हर माथे की सिलवटों में क्यों नहीं है
जैसा अँकुरिता धरती की दरारों में होता है ?
मैं न घृणा करता हूँ न प्यार
केवल समझना चाहता हूँ।

मैं चाहता हूँ और भागता हूँ
मैं भागता हूँ और पूछता हूँ :
क्यों हम आदमी को
आदमी की तरह नहीं देख पाते ?
क्यों ये सब फ़ाइलों में मरे पड़े हैं ?
क्यों ये स्कूलों और कालेजों में,
क्यों ये बड़े-बड़े दफ़्तरों,
ऊँची-ऊँची इमारतों में,
क्यों ये सत्ता की होड़ में,
क्यों ये एक-एक पाई की जोड़-तोड़ में,
क्यों ये थोथे सिद्धांतों के नीचे
दब कर मर गये,
यदि बच रहे
तो फूली लाश की तरह उबर गये ?
क्यों हर हाथ टूटा है ?
क्यों हर पैर कटा हुआ है ?
क्यों हर चेहरा मोम का है ?
क्यों हर दिमाग़ कूड़े से पटा हुआ है ?
क्यों यहाँ कोई ज़िन्दा नहीं है—
चीखता हुआ मैं नदी के किनारे
उस नाव पर लौट आता हूँ
जहाँ से
'मौन रहो और प्रतीक्षा करो' को
एक मंत्र की तरह
जपता हुआ उतरा था,
और जहाँ अब वापस लौटा ले जाने के लिए
उस सूखे चीमड़ कंकाल का
रूखा झुर्रियों वाला हाथ भी नहीं रहा,
रोटी का टुकड़ा लिये बेजान पड़ा है ।
मैं एक मक्खी की तरह
खुद अपने ऊपर भिनभिनाने लगता हूँ
दिल्ली की इन सड़कों पर

कुआनो नदी उतनी ही उथली है,
नाव उतनी ही छोटी कीचड़ में फँसी हुई,
मुर्दे उतने ही बेशुमार,
कहाँ हो, ओ क्रांति के सूत्रधार!

कुआनो नदी—ख़तरे का निशान

पानी चढ़ रहा है :
ख़ून खौल रहा है,
बहुत क़रीब आ गया है
ख़तरे का निशान।
निर्मल नहीं होती कोई बाढ़—
उफ़ान है, भँवर है,
गंदगी है, अंधावेग है,
न जाने कहाँ-कहाँ से
बहता आता कूड़ा कतवार है,
आँखों के आगे अक्षितिज
फैला है जूझता मटियाला प्रवाह—
मेरी निगाह कुछ कमज़ोर हो गयी है।

आधी रात वह मेरी साँकल खटखटाता है,
'किसी भी समय बाँध टूट सकता है
निकल चलो मेरे साथ...'
लेकिन मैं शब्दों को संदूक की तरह
मेज़ पर कुर्सियाँ और कुर्सियों पर
चारपाइयाँ रखकर जमाता हूँ।
'यह लड़ाई अब नहीं चलेगी
बहुत क़रीब आ गया है
ख़तरे का निशान।'
उसकी आँखें व्यंग्य से मेरी ओर देखती हैं।

मुझमें अभी भी
बहुत कुछ बचा ले जाने का मोह है
और नदी को सब कुछ तोड़ने का जोश।
मुझे उसकी आँखों में
सुबह के अख़बारों की सुर्ख़ी दिखायी देती है
और मैं देश के नेताओं के चित्र
शृंगारदान से बाँध
उसे रस्सी के सहारे
लाश की तरह छत की कड़ी से लटका देता हूँ।

'उन्होंने अपनी रक्षा का इंतजाम कर लिया है
बालू के बोरे ख़त्म होने पर
बारूद के बोरों की दीवारें खड़ी कर दी हैं
बाँध की सूराखों में तोपें अड़ी हैं
हेलीकाप्टरों पर चढ़ वे मोर्चा सँभाल रहे हैं
निकल चलो मेरे साथ
पानी चढ़ता जा रहा है।'

मैं जल्दी जल्दी
ये सब किताबें चादर में बाँधता हूँ
जिन्हें बचपन से पढ़ता आया हूँ।
'ज़्यादा कोशिश मत करो
पानी पहले नींव ही हिलाता है'

पर मैं गाँठ कसता जाता हूँ।

'जो बहुमूल्य हो, भारी न हो
उसे रख लो, जल्दी करो।'

मैं चारों खाने चित पड़ी
देवमूर्तियाँ देखता हूँ

पहली बार मुझे लगता है
मेरे पास बहुमूल्य कुछ भी नहीं है
मेरी जान तक नहीं,
फिर मैं क्यों सब बचाना चाहता हूँ?

'तुम्हारे पास रोशनी तो होगी?'
—मैं पूछता हूँ

'कड़कती बिजली है
दिलों में, बस।
हर अँधेरा ख़ुद
रोशनी को जन्म देता है
अँधेरे में निकल पड़ो
तो अँधेरा अँधेरा नहीं रह जाता।
जल्दी करो, क्या तुम टार्च ढूँढ़ रहे हो?'

मैं मेज़ हिलाकर देखता हूँ
कि कुर्सियों पर टिकी
चारपाई पर रखा
शब्दों का संदूक
हिल तो नहीं रहा है।

'क्या तुम सोचते हो
तुम इसे बचा ले जाओगे?
तेज़ हलकोरों में
सबसे पहले यही लड़खड़ायेगा,
लगता है तुमने कभी बाढ़ देखी नहीं है
जिस पर तुम उसे टिका रहे हो
उस लकड़ी को बहते सड़ते कितनी देर लगती है?
अब मोह छोड़ो जल्दी करो।'

मैं किताबों का गट्ठर उठाता हूँ
संविधान की पुस्तक
सरक कर गिर पड़ती है
जिल्द से अलग हो जाती है।

मुझे लगता है चादर छोटी है।
'अब इसे इस हिलती कुर्सी के
पाये के नीचे लगा दो,
कुछ बचाने के लिए
कुछ खोना पड़ता है
जो खोने से डरता है
वह बचा नहीं सकता।'

मैं उसकी ओर देखता हूँ
जैसे कि वह गीता रहस्य हो।

घर के पिछवाड़े बँधी
गांधी जी की बकरी मिमियाती है
और कहीं गोली चलने की आवाज़ आती है।

'यह संकेत है बाहर आने का।'

मुझे धुएँ से भरे चायघरों में बैठे
मरियल हकलाते छोकरे याद आते हैं
जैसे बाढ़ में तैरते कछुए
जिनकी पीठ सख़्त हो।

इस नदी में
न जाने कितनी बार बाढ़ आयी है
रगों में ख़ून खौला है
पर हर बार अँगीठियों से तमतमाए चेहरों पर
रोटियाँ ही सेंकी गयी हैं

पानी कभी ख़तरे का निशान पार नहीं कर पाया
हर बार पछाड़ खा-खाकर शांत हो गया है,
एकाध पुश्ते टूटे हैं
एकाध गाँव डूबे हैं—
नक्सलबाड़ी, श्रीकाकुलम, मुसहरी,
पानी कछार में फैल
सूखी धरती और सूखे दिलों में जज़्ब हो गया है।
इन्सान उस पेड़ की तरह खड़ा रहा है
जिससे बाँध कर निरपराधों को
गोली मारी गयी हो।
कितना आसान है पेड़ के लिए
बिना किसी खरोंच के अपने को बचा ले जाना।

मैं अपनी पसलियाँ टटोलता हूँ
जैसे जेल के ठंडे सींकचे हों।

'क्या तुम्हें यक़ीन है
इस बार बाँध टूट जायेगा?'
'चंद कोयले ही अगर जल उठें
तो बाकी गीले कोयले भी आग पकड़ लेते हैं।'

उसकी आँखों से निकलता धुआँ
मेरे चारों ओर फैलता जाता है,
मुझे लगता है अभी एक लपट कौंधेगी
और इस हरहराते पानी में आग लग जायेगी।

'अब हम मुजस्सिम असंतोष हैं
पारा किसी की चुटकी में नहीं आता
तुम अभी फ़ैसला नहीं ले पा रहे हो
मैं ले चुका हूँ, जाता हूँ।
पर याद रखो
फ़ैसले पर न पहुँचा हुआ आदमी

फ़ैसले पर पहुँचे हुए आदमी से
ज़्यादा ख़तरनाक होता है।
बहुत क़रीब आ गया है
ख़तरे का निशान।'

बाहर फिर गोली चलने की
आवाज़ आती है।
गहरे अँधेरे में वह
झमझमाता निकल जाता है
पता नहीं पत्थरों से
या बाढ़ में बहकर आयी
लाशों से ठोकरें खाता।

और मैं फिर निकलने से पहले
चीज़ों को अच्छी तरह देखता हूँ
कहीं कुछ हिल तो नहीं रहा है।

बाँसगाँव

कच्ची सड़क की धूल
मेरी आत्मा पर जम गयी है
और क़स्बे की ढेबरियाँ
बिना हवा के जलती हैं।

स्कूल बन्द है
सूने बरामदे में वर्णमाला की
फटी हुई किताब-सी
एक पिचकी गेंद
हवा में उछालती

स्मृतियाँ मेरी माँ के साथ सो गयी हैं।

सड़क के किनारे एक पूरे पके कटहल के कोये खा
वह डकारता चला गया,
धूप से जले नंगे काले जिस्म पर
सफेद जनेऊ की चमक
नहीं बन पायी चमक मेरी आँखों में।
अभी फिर भूरे छप्परों के धुएँ के साथ-साथ एक चीख़
कंधे पर रखी लाठी की तरह
मेरे दीदों से टकरा गयी
और हैज़े से मरे आदमी को
चुपचाप लोग उठा ले गये।

दिलों का अँधेरा सिकुड़ता-सिकुड़ता
काली बकरियों में बदल गया है
जिनकी पीली आँखों में थिर है विराम,
जो मौत के पहले मिमियाने को आज़ाद हैं,
और जिनका ख़ून
मंदिर से रेंग कर कचहरी के अहाते तक
निरंतर बह आता है–
और एक बेफ़रियाद क़त्ल की हुई लाश
सँकरी गली में खड़े साँड के मुख की ख़ामोशी में
हर बार एक उम्र के लिए जुगाली करती रह जाती है

आदमी गुप्ती है
जो एक झटके से तेज़ धार में बदल जाता है।

मच्छरों के साथ भनभनाती
वेग के साथ उछलती
शाम, रोज़ थके मुसाफिर-सी
बस के अड्डे पर उतरती है

कच्ची सड़क के हिचकोलों से अपनी कमर पकड़े
धूल-धूसरित,
और हर बार तेलही मिठाइयों और पकौड़ियों के बीच
पच्चीस साल से लाठी टेकती ललचाती पागल बुढ़िया में बदल जाती है
जिसकी गालियों में कोई अर्थ नहीं रह गया है
जिसकी गरीबी मज़ाक है
और जिसकी भूख भोथरी संवेदना पहटने का चमड़ा ।

बॉसगाँव एक पत्थर है
दानवीर सेठ लोकतंत्र का
जो बंद प्याऊ पर लगा है
जिससे पीठ टिकाए, इस जलती धूप में
आज भी खड़ी है मेरे साथ हाँफती गरीबी ।

पथराव

कविता नहीं है कोई नारा
जिसे चुपचाप इस शहर की
सड़कों पर लिखकर घोषित कर दूँ
कि 'क्रांति हो गयी',
न ही बचपना
कि किसी चिड़िया पर रंग फेंक कर
चिल्लाने लगूँ
'अब यह मेरी है'।

ज़बान कटी औरत की तरह
वह मुझे अंक में भरती है
और रोने लगती है,
एक स्पर्श से अधिक

मुझे कुछ नहीं रहने देती
मेरे हर शब्द को
अपमानजनक बना देती है।
जितना ही मैं कहना चाहता हूँ
स्पर्श उतना ही कोमल होता जाता है
शब्द उतने ही पाषाणवत्।

आग मेरी धमनियों में जलती है
पर शब्दों में नहीं ढल पाती।
मुझे एक चाकू दो
मैं अपनी रगें काटकर दिखा सकता हूँ
कि कविता कहाँ है।

शेष सब पत्थर हैं
मेरी कलम की नोक पर ठहरे हुए;
लो, मैं उन्हें तुम सब पर फेंकता हूँ
तुम्हारे साथ मिलकर
हर उस चीज़ पर फेंकता हूँ
जो हमारी तुम्हारी
विवशता का मज़ाक उड़ाती है।

मैं जानता हूँ पथराव से कुछ नहीं होगा
न कविता से ही।
कुछ हो या न हो
हमें अपना होना प्रमाणित करना है।

झाड़े रौ महँगुआ

दुइ पैसे का रंग डाल के झाड़े रौ महँगुआ।

तन पर एक न बित्ता कपड़ा
फटी लँगोटी लाँग नहीं,
सदा रहे भँड़ुआ होली के
आज दिना का स्वाँग नहीं,
दोऊ हाथ कींचड़ उछाल के झाड़े रौ महँगुआ।
दुइ पैसे का रंग डाल के झाड़े रौ महँगुआ।

ऐसा कौन बचा है
जिसने नहीं पढ़ाया बुत्ता,
बिन साँकल का द्वार खोलकर
घर में सोया कुत्ता,
रूप बनाए मरी खाल के झाड़े रौ महँगुआ।
दुइ पैसे का रंग डाल के झाड़े रौ महँगुआ।

गली-गली चप्पल चटकाई
भय मुसंड गिरधारी, सबने
ठेंगा ही दिखलाया
काम न आयी यारी,
हर कुएँ में भंग डाल के झाड़े रौ महँगुआ।
दुइ पैसे का रंग डाल के झाड़े रौ महँगुआ।

घर में भूजी भाँग नहीं
औ' बाहर मियाँ मुजफ़्फ़र,
चारों खाने चित्त पड़े हैं
ऐसी खायी टक्कर,

बैंगन खुद को बना थाल के झाड़े रौ महँगुआ।
दुइ पैसे का रंग डाल के झाड़े रौ महँगुआ।

गरीबा का गीत

खबर लड़ाई की हमको न भाये
दिल घबराये भैया दिल घबराये।

सायरन चीख़ पड़ा कल आधी रात को
मुन्ना मेरा मचल गया नोन-तेल-भात को।

शाम हुई छा गया हर तरफ़ अँधेरा
अपना ही घर हुआ भूत का डेरा।

लेफ्ट-राइट, लेफ्ट-राइट करता सिपाही
राजा की बूँद-बूँद भर रही सुराही।

कहीं बंदूक चले, कहीं तोप गोला
मालमत्ता निकल गया पड़ा रहा झोला।

कोई करनैल है तो कोई जरनैल है
बैद जी सफ़ाई करो कान भरा मैल है।

क्या करोगे जान कौन हारा कौन जीता
हाज़मा दुरुस्त करो खाके पपीता।

छोटे-छोटे बच्चों को भी दुश्मनी सिखाई
हाय मेरी अम्मा हाय मेरी ताई।

चमाचम बूट और लकदक वर्दी
करे जिसे करनी हो आवारागर्दी।

इधर करो साफ़ उधर मकड़ी का जाला
जिसे देखो वही साला टूटा हुआ ताला।

रोटी कहाँ ताड़ी का लगाओ दो घूँटा।
बीबी तोड़ाय के भाग गयी खूँटा।

जहाँ जाओ वहीं सब थमाते हैं कद्दू
बाप रहा लद्दू और बेटा है पद्दू।

गीत गरीबा का जो कोई गाये
दरोगा पिटाई करे जेल में जाये।

जूता-1

मेरा जूता
जगह-जगह से फट गया है
धरती चुभ रही है
मैं रुक गया हूँ
जूते से पूछता हूँ–
'आगे क्यों नहीं चलते ?'
जूता पलटकर जवाब देता है–
'मैं अब भी तैयार हूँ
यदि तुम चलो !'
मैं चुप रह जाता हूँ
कैसे कहूँ कि मैं भी
जगह-जगह से फट गया हूँ।

जूता-2

जब से मैंने
नया जूता खरीदा है
मेरी चाल बदल गयी है
पर जमाने की चाल वही है।
दोस्त कहते हैं
मैं बायें पैर पर ज्यादा वजन डालने लगा हूँ
बात यह है
कि दाहिने पैर की तकलीफ टालने लगा हूँ।

जूता-3

उसने कहा—
मेरे जूते की पालिश में
तुम अपना चेहरा देख सकते हो।
मैंने तिलमिलाकर सोचा
वे लोग खुशनसीब हैं
जिनके चेहरे नहीं हैं।
फिर ख्याल आया
नहीं वे लोग भले आदमी हैं
जो जूते नहीं पहनते।

जूता-4

तारकोल और बजरी से सना
सड़क पर पड़ा है

एक ऐंठा, दुमड़ा बेडौल
जूता।
मैं उन पैरों के बारे में
सोचता हूँ
जिनकी इसने रक्षा की है
और
श्रद्धा से नत हो जाता हूँ।

रंग तरबूजे का

रंग तरबूजे का
महक खरबूजे की!
    गोड़-गाड़कर खेत बनाया
    उसमें डाली खाद,
    जब बोने का मौसम आया
    भाग गयी औलाद।
रंग तरबूजे का
महक खरबूजे की!
    ढूँढ-ढाँढकर खच्चर लाये
    रंग के बनाया टट्टू,
    पर मेले में घुस नहीं पाये
    रह गये मियाँ निखट्टू।
रंग तरबूजे का
महक खरबूजे की!
    रो-गाकर आजादी लाये
    पहन लँगोटी खादी,
    चार कदम भी चल नहीं पाये
    इतनी चढ़ गयी बादी।
रंग तरबूजे का

महक खरबूजे की !

अमरीका में डांस करें
औ' रूस में मारें कुश्ती,
देखो अपने नेताओं की
यारो धींगा मुश्ती ।

रंग तरबूजे का
महक खरबूजे की !

आँख मींचकर ऐसा सोयें
खाना ले गया कुत्ता,
गैर के चौके में इतरायें
जैसे कुक्कुरमुत्ता ।

रंग तरबूजे का
महक खरबूजे की ।

देशगान

क्या गजब का देश है यह क्या गजब का देश है ।
बिन अदालत औ' मुवक्किल के मुकदमा पेश है ।

आँख में दरिया है सबके
दिल में है सबके पहाड़

आदमी भूगोल है जी चाहा नक्शा पेश है ।
क्या गजब का देश है यह क्या गजब का देश है ।

हैं सभी माहिर उगाने
में हथेली पर फसल

औ' हथेली डोलती दर-दर, बनी दरवेश है ।
क्या गजब का देश है यह क्या गजब का देश है।

पेड़ हो या आदमी
कोई फरक पड़ता नहीं

लाख काटे जाइए जंगल हमेशा शेष है ।
क्या गजब का देश है यह क्या गजब का देश है ।

□

प्रश्न जितने बढ़ रहे हैं
घट रहे उतने जवाब
होश में भी एक पूरा देश यह बेहोश है।
खूँटियों पर ही टँगा
रह जायेगा क्या आदमी?
सोचता, उसका नहीं यह खूँटियों का दोष है।

पंचधातु

मैं जानता हूँ
क्या हुआ तुम्हारी लँगोटी का,
उत्सवों में अधिकारियों के
बिल्ले बनाने के काम आ गयी,
भीड़ से बचकर
एक सम्मानित विशेष द्वार से
आखिर वे उसी के सहारे ही तो जा सकते थे।

और तुम्हारी लाठी?
उसी को टेककर चल रही
एक बिगड़ी दिमाग़ डगमगाती सत्ता।

और तुम्हारा चश्मा?
इतने दिनों हर कोई
उसे ही लगाकर
दिखाता रहा है अन्धों को करिश्मा।

तुम्हारी चप्पल?
गरीबी की चाँद गंजी
करने के काम आ रही है।

और घड़ी ?
देश के नब्ज़ की तरह बन्द है ।

अच्छा हुआ
तुम चले गये
अन्यथा तुम्हारे तन का
ये जननायक क्या करते
पता नहीं ।

चश्मा

मैं तो वही हूँ
पर जो चश्मा मेरी बगल में
बह रहा था
वह भाप बनकर कहाँ उड़ गया ?

अब केवल सख्त खुरदरी चट्टान
हथेलियों को छील रही है ।
वह तरल, ठण्डा, चमकता, खिलखिलाता
प्रवाह कहाँ है ?
मैंने पूछा ।

एक छोटी चिड़िया उड़ती आयी
और चोंच खोले बड़ी देर तक देखती रही
फिर बोली–
'चश्मा अभी भी तुम्हारी बगल में है
बशर्ते तुम इस तरह बैठे न रहो,
उसके साथ बहते रहो ।'

फिर वह उड़ गयी
एक फुहार की तरह ।

मंटू बाबू

एक हथेली कसी है
मेरी हथेली में।
मंटू बाबू जेल से छूटकर आया है।

उसकी तर्जनी
झूल रही है आटे की लोई-सी।

मंटू बाबू हँसता है :
'उन्होंने इसे तोड़ दिया
ताकि घोड़ा न दबा सकूँ पिस्तौल का।'

बीस साल का मंटू बाबू
फिर और जोर-जोर से हँसता है :
'अचूक निशाना मगर
आज भी है मेरा
इस बीच की उँगली मे।'

मंटू बाबू मेरी हथेली
और जोर से दबाता है।

हंजूरी

काम न मिलने पर
अपने तीन भूखे बच्चों को लेकर
कूद पड़ी हंजूरी कुएँ में
कुएँ का पानी ठण्डा था।

बच्चों की लाश के साथ
निकाल ली गयी हंजूरी कुएँ से
बाहर की हवा ठण्डी थी।

हत्या और आत्महत्या के अभियोग में
खड़ी थी हंजूरी अदालत में
अदालत की दीवारें ठण्डी थीं।

फिर जेल में पड़ी रही हंजूरी पेट पालती
जेल का आकाश ठण्डा था।

लेकिन आज जब वह जेल के बाहर है
तब पता चला है
कि सब कुछ ठण्डा ही नहीं था–
सड़ा हुआ था
सड़ा हुआ है
सड़ा हुआ रहेगा
कब तक?

गाँव का सपेरा

आओ लू शुन
मैं तुम्हें अपने गाँव का
सपेरा दिखाना चाहता हूँ,
चालीस साल पहले मैंने उसे देखा था।

जिस ऊँचे छतनार पेड़ के नीचे वह होता था
वह अब नहीं है
वहाँ ठाकुर घिर्राऊसिंह का दोमंजिला मकान बन गया है

लेकिन मशालों की धुआँ उगलती रोशनी में
आज भी उसकी पत्तियाँ दमकती हैं ।
रामभरोसे जो बड़ी-सी नथ पहन
घाँघरा उठा नाचता था
पिछले साल हैजे में चल बसा
लेकिन उसके भाव
मथानी की तरह मुझे बिलोते रहते हैं ।

एक तालाब था
जिसके किनारे इमली के बड़े-बड़े पेड़ थे
फिर एक मन्दिर और खेत-ही-खेत,
बीन बजती थी
तो साँप-सा नसों में कुछ रेंगने लगता था
और झाँझ हुडुक—दाहिदा-दाहिदा···
दिशाएँ गूँजती थीं ।
चारों ओर से लोग
लपकते हुए आते थे
और इस पेड़ की रोशनी में
रंग-बिरंगे हिरनों की तरह बैठ जाते थे ।

अब वहाँ यह सब कुछ नहीं है
फिर भी मैं तुम्हें अपने गाँव का
सपेरा दिखाना चाहता हूँ ।

तुम जिस नदी की बात करते हो
जिस चाँदनी की
जिस कोहरे की
जिन मछुआरों की
जिन जंगलों की
खेतों की
पाल तनी नौकाओं की

बच्चों की
और विदूषकों की,
उदार, कटोरा भर बीन
भेजनेवाले किसान की–
सभी जीवित पृष्ठभूमि हैं
हमारे गाँव के इस सपेरा की
जहाँ से आवाज आती है
'बालू की रेत की राह है मैं कैसे चलूँ ?'

लेकिन इसी राह से वहाँ जाना होगा।
अब चारों तरफ रेत ही रेत है
और राह बेहद लम्बी हो गयी है।
नदी कहीं दूर चली गयी है।
चाँदनी, कोहरा, मछुआरे, बच्चे
नावें अँधेरे जंगल सब निस्तेज हो गये हैं।
विदूषक अपना चेहरा भूल गये हैं
और उदार किसान
शहर की महिमा नहीं बखानता
वहाँ से दवा की शीशियाँ लेकर
बैठा अन्धी आँखों से घूरता रहता है।
फिर भी मैं तुम्हें
अपने गाँव का सपेरा दिखाना चाहता हूँ।

हमें केवल उस औरत को ढूँढ़ना है
जो शायद अब बूढ़ी हो गयी होगी।
लेकिन मेरा ख्याल है
न उसकी कमर झुकी होगी
न उसके चेहरे पर झुर्रियाँ पड़ी होंगी।
वह अभी भी खेतों में काम करती होगी
और शाम को उन लाखैरों को ताड़ी पिलाती होगी
जो सपेरा में नाचते हैं।

मैं नहीं जानता उनकी तादाद
कम हुई है या ज्यादा
लेकिन वे होंगे जरूर
जाड़ों में भी अलाव के पास नंगे बैठे,
एक दूसरे से छेड़छाड़ करते,
और कहीं से कुछ कमा लाने की जुगाड़ बिठाते।
वे अभी भी रह-रहकर टेरते होंगे
और नशे में कभी-कभी रोते भी होंगे—
'हम तो तुम्हारी ओर देखेंगे
चाहे आँखें फोड़ दो।'
हमें उनको इकट्ठा करना पड़ेगा।
उनके घरों में झाँकना पड़ेगा
देखना पड़ेगा कि झाँझ का पीतल
बेचकर वह खा तो नहीं गये हैं,
और हुड़ुक, संग्रहालयों के शौकीन
खरीद तो नहीं ले गये हैं।
मशालों के लिए तेल का बन्दोबस्त करना होगा
एक छतनार दरख्त खोजना होगा
और उस औरत को पैसे देने होंगे
कि उन्हें पकौड़ियाँ बनाकर खिला दे।
फिर उनकी पीठ पर हाथ फेरना होगा
बिना इसकी चिन्ता किये कि उन्हें
वह रेंगता साँप जैसा लग रहा होगा।
चाँदनी
कोहरा
जंगल
नदी
नाव
मछुआरे
यह सब मैं अपनी कल्पना से
तुम्हारे लिए सजा दूँगा,

उत्साही बच्चे इकट्ठा कर दूँगा
और नेक उदार किसान भी
और उन्हें समझा दूँगा कि
दूसरों द्वारा अपनी फसलें काट ले जाने की
उस समय तुमसे शिकायत न करें,
और न जिस्म पर
बन्दूक के छर्रों के घाव दिखायें,
और न अपने जले हुए घरों की
न बेइज्जत की गयी औरत की
बाबत तुम्हें कुछ बतायें।
नहीं तो तुम सपेरा नहीं देख पाओगे
उनके साथ चल दोगे,
मैं तुम्हें खूब जानता हूँ।

बस एक प्रार्थना है–
हो सकता है
हमारे तुम्हारे सिवा
दर्शकों में और कोई न हो
तो फिर इसका बुरा मत मानना
वे डरे हुए हैं और जिन्दा रहना चाहते हैं
उनके बहुत-से बच्चे मारे जा चुके हैं
बहुत-से जेलों में हैं
बहुतों के पीछे…
खैर,
यह कहानी फिर कभी सुनाऊँगा
अभी तो
मैं तुम्हें अपने गाँव का
सपेरा दिखाना चाहता हूँ।

तुम देखोगे
कितना निराला संगीत है इसका!

सुनते-सुनते
शिराएँ प्रत्यंचा-सी चढ़ जाती हैं
तन धनुष-सा खिच जाता है
मन मछलियों की तरह तैरने लगता है
उस समय किसी सुन्दर स्त्री की याद मत करना
नहीं तो वह तीर-सी छूटकर
तुम्हारी आत्मा में पैबस्त हो जायेगी।
केवल खुद को
राग के उस सैवाल में बहने के लिए
छोड़ देना—बहते रहना।
और हाँ, अगर कोई विदूषक
बीच में आकर सचमुच रोने लगे
तो ऊबना मत,
समझ लेना
किं हम भी उस दौर से गुज़र रहे हैं
जहाँ जो जितना हँसाने की क्षमता रखता है
वह भीतर उतना ही रोता रहता है।
यदि मन बहुत विचलित होने लगे तो
ऊपर दरख्त की ओर देखने लगना—
वहाँ पत्तियों से छनकर
जितना आकाश तुम्हें दीखेगा
वह वैसा ही लगेगा
जैसा अपने 'गाँव का आपेरा'
देखते समय तुम्हें लगा होगा।

आओ लू शुन
मैं तुम्हें अपने गाँव का
सपेरा दिखाना चाहता हूँ।

[2]

आधी रात तक
और हुआ तो उगती भोर तक

चिड़ियों के चहचहाने से पहले
संगीत सो जायेगा
और ये लाखैरे सिर झुका
अलग-अलग पगडंडियाँ पकड़ेंगे।
तुम्हारी ओर देखने की हिम्मत उनकी नहीं होगी।
यदि तुम रास्ता रोककर
उन्हें कुछ देना चाहोगे
तो उनकी आँखें छलछला आयेंगी
और वे अपने पूर्वजों के बारे में सोचने लगेंगे
जो उधार और कर्जों के लिबास में
आज भी उनके साथ
घुड़कियाँ सहते, अपमानित होते
छाया की तरह बने रहते हैं।

इनमें से किसी एक का भी पीछा
तुम मत करना–
हो सकता है
वे घर जाने की रीति निभा रहे हों
और कहीं न जा रहे हों,
हो सकता है
जहाँ जा रहे हों
वहाँ घर-जैसा कुछ न हो।
हो सकता है
वह जिस बखरी के सामने खड़ा हो जाये
वहाँ गालियों से उसका स्वागत शुरू हो,
कोई सिर पीटता, कोसता हुआ आये,
या भीतर से कराह या रुलाई सुनकर
वह बाहर ठिठक जाये,
या केवल खामोशी
उसकी खामोशी से टकराकर

चूर-चूर हो तुम्हारे सामने बिखर जाये।
इनमें से किसी एक का भी पीछा तुम मत करना

हो सकता है
कोई आकर तुम्हीं से पूछने लगे–
'तुम इस आदमी को कब से जानते हो?'
और कहे–
'यह बुरा आदमी है
चोरी करता है
यह बदमाश है
डकैत है
यह लड़कियाँ बेचता है
जरायमपेशा है।'

मैं जानता हूँ तुम्हें यह सुनकर गुस्सा आयेगा।
मैं तुम्हें उलझने नहीं देना चाहता
और न ही यह चाहता हूँ
कि मेरे गाँव के सपेरे का
स्वाद तुम भूल जाओ।
जब लाश घर में पड़ी हो
तो आँगन में चिड़ियों की
चहचहाहट नहीं सुनायी देती
और यदि सुनायी भी दे जाये
तो कितनी करुण होती है
यह तुम जानते हो।
        इसीलिए मैं तुम्हें
        अपने गाँव का सपेरा दिखाना चाहता हूँ।

ढोल सुनने वाला
मरी खाल के बारे में
कब सोचता है

या पलंग पर लेटा हुआ
जंगल के दरख्त के बारे में।

सपेरे के गीत जिन्होंने लिखे हैं
उनकी खाल
किन वहशी जंगलों में
किन दुखों की चाबुकों से खींची गयी थी
यह तुम खूब अच्छी तरह जानते हो।
इतनी मजबूत खाल
कि शब्द आज भी
साँस की हल्की-सी सरसराहट से
बजने लग जाते हैं।
मैं नहीं जानता कि इन गीतों में
आज कितना और जुड़ रहा है।
केवल इतना जानता हूँ
कि अब जंगल और वहशी होते जा रहे हैं
और चाबुक और दर्दनाक
अब दर्द इतना बढ़ गया है
कि औरत के जिस्म में
उसे नहीं डुबोया जा सकता।
        इसीलिए मैं तुम्हें
        अपने गाँव का सपेरा दिखाना चाहता हूँ
        जिसे चालीस साल पहले मैंने देखा था।
हो सकता है
अब ये लाखैरे उतने मन से न गा पाते हों
न उतना डूबकर,
हो सकता है
उनकी आवाज की लोच खत्म हो गयी हो
उसमें कड़ापन आ गया हो,
हो सकता है
शब्द बदल गये हों

और उनमें आती सुन्दर जवान औरत
खौफनाक बुढ़िया में बदल गयी हो,
और उसका प्यार
क्रूरता में।
हो सकता है
रेशम-से लहराते
जिस्म की गर्म चिकनाहट की जगह
अब फाँसी के फन्दे-सी झूलती
सख्त ठण्डी खुरदुराहट का वर्णन हो,
हो सकता है
चुम्बन, आलिंगन और रतिक्रीड़ा की
गरमाहट की जगह
अब लाठियों, गोलियों और यातनाघरों
की छटपटाहट की चर्चा उनमें हो।

यदि ऐसा हो।
तो मैं माफी नहीं मागूँगा
क्योंकि मैं जानता हूँ
तुम्हारे लिए यह सबसे अधिक
खुशी की बात होगी
और तुम कहोगे–
तुमने अपने गाँव का सपेरा दिखाकर
मुझे मुक्त किया।

आओ लू शुन
मैं तुम्हें अपने गाँव का सपेरा
दिखाना चाहता हूँ।

[लू शुन की कहानी 'गाँव का आपेरा' पढ़ने के बाद]

लू शुन और चिड़ियाँ

अपने बचपन में मैं लू शुन को अपने गाँव की अमराइयों में घूमते, खलिहानों में बूढ़ों के साथ बतियाते, चिलम पीते और तैयार होते खेतों में जवानों के साथ खेलते देखता था। अब वह अक्सर घने जंगलों में घूमते मिल जाते हैं।

"आप यहाँ?"

"हाँ, इस जंगल की चिड़ियों ने मुझे रोक लिया है।"

"चिड़ियों ने?"

"इस जंगल में गोलियाँ चलती हैं। उनकी आवाजों से वे घबरा गयी हैं।"

"क्या कोई शिकारी उनके पीछे पड़ा है?"

"शिकारियों की अब चिड़ियों में दिलचस्पी नहीं रही।"

"यह तो बहुत अच्छी बात है। फिर तो उन्हें कोई घबराहट नहीं होनी चाहिए।"

"घबराहट है न···। गोलियों की आवाजें जो आती हैं। वह भरभराकर उड़ती हैं। सारे जंगल पर वे शामियाने की तरह तन जाती हैं। फिर जब लौटती हैं और पेड़ों पर उतरती हैं तो दहशत से भरी होती हैं।"

"क्यों?"

''वे कहती हैं वहाँ अक्सर पेड़ों में बँधी लाशें मिलती हैं। वे इस डर से सहमी रहती हैं कि कहीं जिस पेड़ पर वे उतर रही हैं उनसे बँधी कोई लाश न हो। बँधी हुई लाशवाला पेड़, पेड़ नहीं रह जाता, न उसकी पत्तियाँ, पत्तियाँ रह जाती हैं, वह ऐसा मानती हैं। उन पेड़ों से लपटें निकलती होती हैं और पत्तियाँ अंगारों-सी धधकती रहती हैं। उन पर वह बैठ नहीं पातीं, न बसेरा ले पाती हैं। वह डर रही हैं कि कहीं एक दिन सारा जंगल जलने न लगे।''

''चिड़ियाँ इन लाशों को पहचानती हैं?''

''नहीं, इन लाशों को कोई नहीं पहचानता।''

''क्या ये बहुत साफ-सुथरे, मोटे-ताज़े लोग होते हैं?''

''नहीं, अक्सर कमज़ोर और फटेहाल। लेकिन निडर और साहसी। ये पेड़ों और चिड़ियों को प्यार करते हैं और जंगल को स्वर्ग बनाने की कल्पना से भरे होते हैं।''

''आप क्या करेंगे?''

''मैं काफी कुछ चिड़ियों की भाषा समझ गया हूँ। उन्हें समझा रहा हूँ कि वे उन बन्दूकवालों पर टूट पड़ें, जो आदमी को लाकर पेड़ों से बाँधकर गोली मारते हैं। अगर बँधे आदमी पर गोली चलाने से पहले ही वे टूट पड़ें तो यह नौबत नहीं आयेगी।''

''लेकिन बन्दूक उन पर भी उठ सकती है।''

''किसी भी बन्दूक में इतनी गोलियाँ नहीं होतीं जो करोड़ों का सफाया कर दें। फिर एक साथ टूटने पर बन्दूक थमे हाथ काँपने लगते हैं। वह छूटकर गिर जाती है। मैं यहाँ चिडियों को यही सिखा रहा हूँ। काफी

चिड़ियाँ बात समझ गयी हैं। पर इस जंगल में तरह-तरह की चिड़ियाँ हैं। तरह-तरह की उनकी भाषा है। तरह-तरह के उनके रंग हैं, अलग-अलग उनकी बोलियाँ हैं। सबको समझने में कुछ देर लग रही है। पर जल्दी ही मैं हर एक की आदत, हर एक की भाषा समझ जाऊँगा। फिर उन्हें समझा सकूँगा। सबको गोलबन्द कर सकूँगा और भयमुक्त भी।"

शाम हो चुकी थी। मैं अँधेरे जंगल से बाहर आने के लिए उतावला था। मैंने उनसे जल्दी-जल्दी विदा ली और जंगल के बाहर कदम बढ़ाने लगा। वह और भीतर चले जा रहे थे और तमाम चिड़ियाँ उनको घेरने लग गयी थीं। घेरती जा रही थीं। किसी एक चिड़िया ने भी मेरी ओर नहीं देखा।

इधर एक अरसे से मैं जंगलों की तरफ नहीं गया हूँ लेकिन मैं अच्छी तरह जानता हूँ, लू शुन वहाँ हैं। और अब वह उनकी सबकी भाषा अच्छी तरह जान गये होंगे। कुछ ही दिनों बाद जंगलों में गोलियाँ चलनी बन्द हो जायेंगी और चिड़ियाँ निर्भय चहचहाने-गाने लगेंगी।

अब मैं सूरज को नहीं डूबने दूँगा

अब मैं सूरज को नहीं डूबने दूँगा।

देखो, मैंने कन्धे चौड़े कर लिये हैं
मुट्ठियाँ मजबूत कर ली हैं
और ढलान पर एड़ियाँ जमाकर
खड़ा होना मैंने सीख लिया है।

घबराओ मत—
मैं क्षितिज पर जा रहा हूँ।

सूरज ठीक जब पहाड़ी से लुढ़कने लगेगा
मैं कन्धे अड़ा दूँगा।
देखना वह वहीं ठहरा होगा।

अब मैं सूरज को नहीं डूबने दूँगा।

मैंने सुना है
उसके रथ में तुम हो
तुम्हें मैं उतार लाना चाहता हूँ—
तुम जो स्वाधीनता की प्रतिमा हो
तुम जो साहस की मूर्त्ति हो
तुम जो धरती का सुख हो
तुम जो कालातीत प्यार हो
तुम जो मेरी धमनियों का प्रवाह हो
तुम जो मेरी चेतना का विस्तार हो
तुम्हें मैं उस रथ से
उतार लाना चाहता हूँ।

रथ के घोड़े
आग उगलते रहें
अब पहिए टस से मस नहीं होंगे।
मैंने अपने कन्धे चौड़े कर लिये हैं।

कौन रोकेगा तुम्हें?
मैंने धरती बड़ी कर ली है
अन्न की सुनहरी बालियों से
मैं तुम्हें सजाऊँगा,
मैंने सीना खोल लिया है
प्यार के गीतों में मैं तुम्हें गाऊँगा,
मैंने दृष्टि बड़ी कर ली है
हर आँखों में तुम्हें सपनों-सा फहराऊँगा।

सूरज जायेगा भी तो कहाँ ?
उसे यहीं रहना होगा
यहीं—हमारी साँसों में
हमारी रगों में
हमारे संकल्पों में
हमारे रतजगों में ।

तुम उदास मत होओ
अब मैं किसी भी सूरज को
नहीं डूबने दूँगा ।

जूते की कील नहीं होंगी
शामें
जो तुम्हें चुभें ।
मैंने यात्रा बड़ी कर ली है
कन्धे चौड़े कर लिये हैं ।

मैं नहीं चाहता

सड़े हुए फलों की पेटियों की तरह
बाजार में एक भीड़ के बीच मरने की अपेक्षा
एकान्त में किसी सूने वृक्ष के नीचे
गिरकर सूख जाना बेहतर है ।

मैं नहीं चाहता कि मुझे
झाड़-पोंछकर दूकान पर सजाया जाय,
दिन-भर मोल-तोल के बाद
फिर पेटियों में रख दिया जाय,
और एक खरीदार से
दूसरे खरीदार की प्रतीक्षा में
यह जीवन अर्थहीन हो जाये ।

धीरे-धीरे

भरी हुई बोतलों के पास
खाली गिलास-सा
मैं रख दिया गया हूँ।

धीरे-धीरे अँधेरा आयेगा
और लड़खड़ाता हुआ
मेरे पास बैठ जायेगा।
वह कुछ कहेगा नहीं
मुझे बार-बार भरेगा
खाली करेगा,
भरेगा—खाली करेगा,
और अन्त में
खाली बोतलों के पास
खाली गिलास-सा
छोड़ जायेगा।

मेरे दोस्तो!
तुम मौत को नहीं पहचानते
चाहे वह आदमी की हो
या किसी देश की
चाहे वह समय की हो
या किसी वेश की।
सब-कुछ धीरे-धीरे ही होता है
धीरे-धीरे ही बोतलें खाली होती हैं
गिलास भरता है,
हाँ, धीरे-धीरे ही
आत्मा खाली होती है
आदमी मरता है।

उस देश का मैं क्या करूँ
जो धीरे-धीरे लड़खड़ाता हुआ
मेरे पास बैठ गया है ।

मेरे दोस्तो !
तुम मौत को नहीं पहचानते
धीरे-धीरे अँधेरे के पेट में
सब समा जाता है,
फिर कुछ बीतता नहीं
बीतने को कुछ रह भी नहीं जाता
खाली बोतलों के पास
खाली गिलास-सा सब पड़ा रह जाता है—
झंडे के पास देश
नाम के पास आदमी
प्यार के पास समय
दाम के पास वेश,
सब पड़ा रह जाता है
खाली बोतलों के पास
खाली गिलास-सा

'धीरे-धीरे'—
मुझे सख़्त नफ़रत है
इस शब्द से ।
धीरे-धीरे ही घुन लगता है
अनाज मर जाता है,
धीरे-धीरे ही दीमकें सब-कुछ चाट जाती हैं
साहस डर जाता है ।
धीरे-धीरे ही विश्वास खो जाता है
संकल्प सो जाता है ।

मेरे दोस्तो !
मैं उस देश का क्या करूँ

जो धीरे-धीरे
धीरे-धीरे खाली होता जा रहा है
भरी बोतलों के पास
खाली गिलास-सा
पड़ा हुआ है।

धीरे-धीरे
अब मैं ईश्वर भी नहीं पाना चाहता,
धीरे-धीरे
अब मैं स्वर्ग भी नहीं जाना चाहता,
धीरे-धीरे
अब मुझे कुछ भी नहीं है स्वीकार
चाहे वह घृणा हो चाहे प्यार।

मेरे दोस्तो!
धीरे-धीरे कुछ नहीं होता
सिर्फ़ मौत होती है,
धीरे-धीरे कुछ नहीं आता
सिर्फ़ मौत आती है,
धीरे-धीरे कुछ नहीं मिलता
सिर्फ़ मौत मिलती है,
मौत–
खाली बोतलों के पास
खाली गिलास-सी।

सुनो,
ढोल की लय धीमी होती जा रही है
धीरे-धीरे एक क्रान्ति-यात्रा
शव-यात्रा में बदल रही है।
सडाँध फैल रही है–
नक्शे पर देश के
और आँखों में प्यार के

सीमान्त धुँधले पड़ते जा रहे हैं
और हम चूहों-से देख रहे हैं।

अन्त में

अब मैं कुछ कहना नहीं चाहता,
सुनना चाहता हूँ
एक समर्थ सच्ची आवाज़
यदि कहीं हो।

अन्यथा
इसके पूर्व कि
मेरा हर कथन
हर मंथन
हर अभिव्यक्ति
शून्य से टकराकर फिर वापस लौट आए,
उस अनन्त मौन में समा जाना चाहता हूँ
जो मत्यु है।

'वह बिना कहे मर गया'
यह अधिक गौरवशाली है
यह कहे जाने से—
'कि वह मरने के पहले
कुछ कह रहा था
जिसे किसी ने सुना नहीं।'

•••